Bilingual Ritual
of
Hispanic Popular Catholicism

Nihil Obstat:
Rev. Lawrence Stasyszen, O.S.B., S.T.D.
President of Saint Gregory's University, Shawnee, Oklahoma

Imprimatur:
+ Edward James Slattery, D.D.
Bishop, Diocese of Tulsa; January 2002

Bilingual Ritual
of
Hispanic Popular Catholicism

Rev. Patrick Brankin
*Director of the Hispanic Apostolate
in the Diocese of Tulsa, Oklahoma*

New Hope Publications
New Hope, KY 40052
USA

Bilingual Ritual of Hispanic Popular Catholicism
Copyright @ 2002 by New Hope Publications
Third Printing 2006

ALL RIGHTS RESERVED

The prayers, rites and ceremonies contained in this ritual may be reproduced as far as may be necessary to insure an active participation on the part of the congregation during the liturgical celebration of said rite or ceremony. They may also be reproduced in a bulletin, study guide or program by a non-commercial religious or educational organization, such as a parish or a school.

However, no part of this work may be reproduced or transmitted in any form or by any means, electronic or mechanical, including photocopying or recording, or by any information storage or retrieval system, for commercial use except as may be expressly permitted by the 1976 Copyright Act or with such permission as may be obtained in writing from the publisher.

Requests for permission should be addressed in writing to New Hope Publications, New Hope, Kentucky 40052, USA.

ACKNOWLEDGEMENTS

The version of the Passion according to Saint John used in the Pésame service is a paraphrase of the sacred text. All Spanish language quotations from the Sacred Scriptures are taken from the *Versión Popular con Deuterocanónicos*, copyright 1994; United Bible Societies. Used by permission.

Front and back cover designs are by Belidth Aránzazu

Special thanks to the members of the Hispanic Apostolate Team of the Diocese of Tulsa for their constant help and suggestions: **Linda Claudio, Deacon Felix de León, Jesús González, Carlos Moreno, Margarita Vega-Summers**, and **Adrián Trujillo**. Special acknowledgement is made to **Belidth Aránzazu** of the Hispanic Apostolate for his constant technical support.

Preface

Most Rev. James Tamayo
Bishop of Laredo, Texas

As I write this preface to the **Bilingual Ritual of Hispanic Popular Catholicism**, I have just concluded the wonderful devotion of the Posadas with the San Agustin Cathedral community in Laredo, Texas. For this ceremony we used the *Rito Para Pedir Las Posadas* as outlined by Fr. Patrick Brankin and the Hispanic Apostolate Team of the Diocese of Tulsa.

Bishops and priests in every diocese throughout the United States are reaching out to welcome and integrate the newly-arrived Spanish-speaking Catholics. Fr. Patrick Brankin shares the fruit of twenty years of priestly ministry to the Hispanic community in the Archdiocese of Chicago and the Diocese of Tulsa as he informs and encourages the reader to provide for the Spanish-speaking Catholic community those traditional devotions which many have practiced in their native country.

Experiencing these devotional practices in the United States helps to integrate the Spanish-speaking Catholics into their local parish community and promotes the Holy Father's teaching of communion, conversion and solidarity found in **Ecclesia in America**.

The easy to follow English and Spanish instructions for celebrating popular religious devotions within the Hispanic community allow the priest celebrant to make available devotional practices which are very dear to the Hispanic community. Fr. Patrick Brankin and the team have put together in one easy to read, easy to follow format popular Hispanic devotional practices for the priest whose dominant language is English.

This bilingual ritual with the rubrics highlighted in red and written in English facilitates the ease of using this book. For the newly assigned priest, or for a priest experienced in Hispanic ministry, the ***Bilingual Ritual of Hispanic Popular Catholicism*** will be an essential pastoral manual for use in preserving the liturgical and cultural authenticity of the Catholic Hispanic community's popular devotions throughout the year. The book guides the celebrant in preserving Hispanic popular religious devotion throughout the Church's liturgical year.

The bishops of the United States have stated that the Hispanic people are a "blessing" within the Church. This ***Bilingual Ritual of Hispanic Popular Catholicism*** is a blessing the Church offers the Hispanic people in our parishes.

Most Reverend James A. Tamayo, D.D.
Bishop, Diocese of Laredo

Contents

Introduction to Hispanic Popular Piety
3

Ceremonies related to one's coming of age
7

Advent & Christmas
39

Our Lady of Guadalupe
61

Lent and Good Friday
87

Common Prayers and Devotions
115

A popular House Blessing
128

Hispanic Liturgical Calendar
137

Dictionary of Marian Devotions
153

Indices and Maps
168

INTRODUCTION

Dios amanece para todos.

Two gringos (Father Brankin and I) writing about Hispanic popular Catholicism may seem incongruous. However, anyone familiar with either the history of the Church in the United States or the current population of the U.S. Catholic Church knows that we have always been blessed with Spanish-language Catholics, and we have always had a shortage of (especially native) Hispanic clergy to serve them. In fact, this is in part how popular Hispanic Catholicism developed.

It is also the reason why we need a book just like this one.

Those of us who do not know these important rituals by memory or experience can now locate them in one volume, study and celebrate them. I am delighted to introduce this book with a brief treatment of popular Catholicism among Hispanics.[1] ***From the Heart of Our People*** (Orbis Books, 1999) defines "popular" as: "... practices, world views, epistemologies, beliefs, political opinions ... whose source and author are 'the people'.... Furthermore, something may be said to be 'popular' when it truly reflects *latinidad* as its core and source."

Rather than faddish or even universal, popular Catholicism as used in the context of the rituals of this book consists of rites that are by the people, for the people, and in fact, constitutive of the people. They are "by the people" because, while they do not exclude clergy, they do not depend on them either (e.g., anyone can lead a devotion to Our Lady of Guadalupe). In the absence of clergy, most often women lead the spiritual life of the people. They are "for the people" because they have served to maintain the identity of the people. And they have survived the sometimes cruel centuries, often imposed isolation, and frequent misunderstanding of others precisely because they are so central to the identity of the people as a *pueblo*.

Although popular Catholicism is a true spirituality in its own right, if related to formal Catholicism (with hierarchically approved rituals, calendars, etc.) one may look at it as a continuum ranging from the informal to the semiformal. By *informal*, I mean practices that are widespread but not very uniform, directly domestic — yet with no immediate influence of the clergy, and particularly transitional. Informal practices would include such things as punishing saints (e.g., placing San Antonio on his head for not providing a boyfriend), the wide variety of yard shrines, and crosses erected to commemorate wayfarers who died.

However, informal popular Catholicism also includes adages and humor. Wisdom sayings impart, especially to the young, a world-view. Religious adages or proverbs relate that world-view to an understanding of God, ourselves, our relationships among ourselves and between God and ourselves. Some of these *refranes* are quite universal (*"si Dios quiere..."* or *"if God so desires"*). Others are very peculiar to a place or community (*"Dios hace crecer el maíz, pero no te hace las tortillas"* or *"God makes the corn grow, but doesn't make the tortillas for you"*). These are learned in the family and are reinvented frequently.

Religious humor is likewise universal but locally distinct, learned through family or fictive kin, and highly transitional. Religious humor also transmits the community's understanding of God and our relationship to God, sometimes by poking fun at practices incongruent with community beliefs. Like adages, religious humor is a gentle way of prescribing and proscribing behavior in a community for whom God is central, but for whom direct confrontation is often eschewed.

Given the wide diversity, local peculiarity, and highly transitional nature of these most informal religious practices, it would be impossible to gather even a good sample in a single volume. However, Father Brankin has done a good job of gathering some of the most important **semiformal rituals** of Hispanic popular Catholicism. By *semiformal* I mean rituals that, while neither dominated nor authored by clergy, are sufficiently universal, communal, and established as to lend themselves to collection.

Most Hispanic Catholics will recognize rites with which they are familiar in this book, even if the details may differ. And that experience is sufficiently common, and widespread enough over generations, that the rituals are reasonably established in the collective memory. These rituals are less private (they are celebrated in streets, chapels, plazas, or other public places) but no less personal.

Father Brankin provides a good selection of these semiformal rites of popular Hispanic Catholicism. He rightly gathers those associated with the cross and crib, the Blessed Mother, and the family, three loci of this spirituality. His diagrams, calendar, and glossary will also help others new to this spirituality appreciate it more.

As helpful as this book is, we must resist some temptations that it can present. First, we must respect the history and nature of these rituals. If they are by the people, for the people and constitutive of the people, clergy must be extremely careful not to usurp the people (especially women). Second, the fact that they are written does not mean that they are static or authoritative. Father Brankin himself gives us options, shows how these rituals are often adaptations, and nowhere suggests that they must be interpreted as rubrics.

We two gringos both pray that this *labor de amor* will help our peoples understand each other and celebrate our common faith in our one God.

Kenneth G. Davis, O.F.M., Conv.
St. Meinrad School of Theology

---

[1] "Hispanic" and "Latino" are terms that attempt to emphasize the unity rather than the tremendous diversity among the peoples so described.

Coming of Age Ceremonies

*Fraile que pide pan, toma carne
si se le dan.*

All across Latin America, people express their faith through the use of small metal "milagros." Sometimes these milagros, fixed to a wall or sewn on the garment of a statue, represent the suppliant in constant, watchful prayer. In this case, the milagro will be stamped in the shape of a man or a woman. Sometimes they represent the object prayed for, in which case they may be shaped as an eye or an arm, a house or even an animal.

The great font of Hispanic popular piety is Catholic family life, and before anything else, the non-Hispanic must grapple with the Hispanic's innate understanding that everything connected to the family is sacred since everything can reflect Our Lord's Incarnation.

This sacramental understanding of the family means that the Hispanic Catholic will consider his *casa* as sacred in the same way that his parish church is sacred — *and for the same reason*. His *mesa* at home is important because he knows that every day the sacrifice of our Redemption is offered on the altar at Mass.

And though he might fail personally to live out the vows of his marriage, an Hispanic Catholic knows that his *esposa* is worthy of respect because like the Church she is fertile and like Our Lady she must be pure. **Niños** especially are holy since they are the living promise for a family that God's justice will prevail, if not in this generation, then certainly in the next.

This sacramental notion can also shape a family's relation with the larger community. Thus a family with undocumented members may live in constant fear of deportation. "But we suffer no more than did the Holy Family when they fled into Egypt," they reason. And the fact that Christ suffered discrimination, lived as an alien and endured great poverty lends a kind of quiet, religious dignity to their diminished status and serves to consecrate their daily hardships.

Two important considerations flow from this sacramental understanding:

First, there is no competition between the two spheres of the sacred. They actually reinforce one another so that a TV top shrine to Our Lady of Guadalupe, carefully arranged with plastic flowers and family photos, doesn't detract in any way at all from the importance of the shrine or *monumento* which the parish erects every December in church.

It does, however, take some skill to recognize this interpenetration as well as a willingness to let families organize their own *Posadas* and devotions. A pastor or DRE can sometimes kill the tradition by insisting that these family devotions be conducted at the parish under his or her auspices.

Secondly, since family life is the source of so much popular piety, then those rituals which mark the spiritual and physical growth of its members will rank as among the most important devotions which a family will ask you to celebrate. These rituals include the presentation of a child (usually a girl but occasionally a boy) in church on his or her third birthday and the celebration of a young girl's fifteenth birthday, the wedding-like *Quinceaños* ceremony.

The Virgin of Guadalupe and Juan Diego
18th century oil on canvas, Franciscan Convent
Cholula, Puebla, México

Plate 1

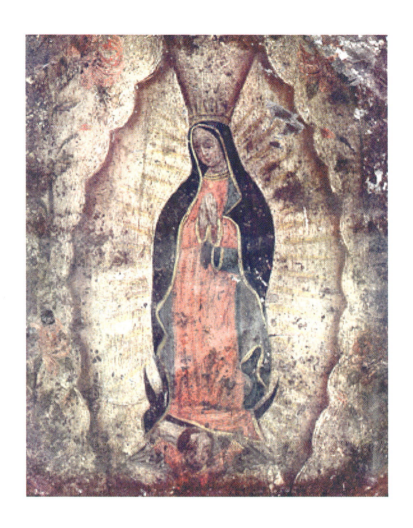

La Santísima Virgen de Guadalupe
Oil on tin, mid to late 19th century,
Guanajuato, México

1647 copy
of the Nican Mopohua

Juan Diego Shows the Tilma to Juan de Zumárraga
18th century oil on canvas, Franciscan Convent
Cholula, Puebla, México

Juan Diego Showing the Tilma
1743, oil by José de Ibarra

"Non Fecit Taliter Omne Natione"
"He has not done thus for any other nation"
God the Father painting the image of Our Lady of Guadalupe
Anonymous, mid 18th century, México

El Anima Sola
contemporary oil
on wood
by Alfredo
Rodríguez, San
Antonio, Texas

Christ on the Cross
Mid-19th century devotional crucifix, polychrome on wood
Puebla de los Ángeles, Puebla, México

El Divino Rostro — "Veronica's Veil"
Mid to late 19th century, oil on tin
Querétaro, México

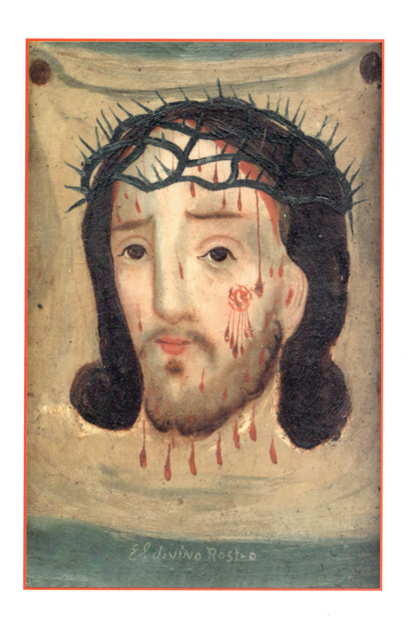

"El Divino Rostro": Another version of Veronica's Veil
Late 19th century oil on tin
México

Plate 7

El Niño de Praga
"El Santo Niño de la Buena Salud"

El Sagrado Corazón de Jesús
Late 19th century oil on tin
Chihuahua, México

RITO PARA
PRESTAR LA LLAVE A UN NIÑO
(Que llega a 2 años sin poder hablar)

This ceremony is celebrated in certain parts of México for those children who reach the age of two or three without being able to speak. The parents ask for the loan of the tabernacle key ("prestar la llave") so that the child who kisses the key might have his mouth opened by Christ "as easily as the key opens the tabernacle door." Be careful, however, as you celebrate this ceremony that it not become superstitious. (The principle behind the key opening the child's mouth is what anthropologists call "sympathetic magic.") Be certain to direct the parents to competent medical help if it looks like there might be an organic defect or disability.

The prayers which follow are adapted from the Rituals for Baptism and the Blessing of a Sick Child.

Celebrant: **Por la señal de santa cruz** *(Make the small sign of the cross on your forehead)*, **de nuestros enemigos** *(make the small sign of the cross on your lips)*, **líbranos, Señor, Dios nuestro** *(make a third small sign of the cross over your heart)*, **en el nombre del Padre y del Hijo y del Espíritu Santo.** *(Cross the thumb of your right hand over the index finger and make a large sign of the cross, being sure to kiss the knuckle on your thumb as you conclude.)*
Parents: Amén.

Celebrant: **Nuestro auxilio está en el nombre del Señor.**
Parents: Que hizo el cielo y la tierra.

Celebrant: **Pidamos por este/a niño/a a Jesucristo que pasó haciendo el bien y curando a todos los enfermos para que lleno de compasión y conciente de la fe de sus padres, pronto alivie su enfermedad y abra ya la boca de este/a niño/a.**

Here the celebrant hands the parents a lit candle.

Celebrant: **Oremos**
Señor, Padre Santo, Dios Todopoderoso y eterno, que

	con tu bendición levantas y fortaleces nuestra frágil condición, mira con bondad a este/a servidor/a tuyo: _nombre_ ; aparte de él/ella cualquier enfermedad y abra la boca, para que siempre agradecido/a, bendiga tu santo Nombre, por Cristo, tu Hijo, que vive y reina por los siglos de los siglos.
Parents:	Amén.

Celebrant:	El Señor Jesús que hizo oír a los sordos y hablar a los mudos, te conceda, a su tiempo, escuchar su palabra

Here the celebrant blows lightly on the child's ears.

        y profesar la fe,

Here the celebrant blows lightly on the child's mouth.

        para alabanza y gloria de Dios Padre. Amén.

Then tracing the sign of the cross over each of the child's five senses, the celebrant prays:

Celebrant:	*(ears)* **Que el Señor Jesucristo te bendiga en tus oídos para que siempre oigas la verdad.**
Parents:	Amén.
Celebrant:	*(eyes)* **Que el Señor Jesucristo te bendiga en tus ojos para que siempre veas lo bueno.**
Parents:	Amén.
Celebrant:	*(lips)* **Que el Señor Jesucristo te bendiga en tus labios para que siempre digas la verdad.**
Parents:	Amén.
Celebrant:	*(hands)* **Que el Señor Jesucristo te bendiga en tus manos y en todo el trabajo que vas a hacer en tu vida.**
Parents:	Amén.
Celebrant:	*(feet)* **Que el Señor Jesucristo te bendiga en tus piernas y pies, y en todos los lugares en que vas a entrar.**
Parents:	Amén.

Taking then the tabernacle key and placing it upon the child's mouth, or if possible having the child kiss the key, the celebrant says:

Celebrant: **Señor, Dios Nuestro, cuyo Hijo, Jesucristo, recibió con cariño a los niños y los bendijo; extiende benigno tu mano providente sobre este/a niño/a, y por la llave del Sagrario que ya besa, ábrele la boca, para que junto con sus padres, pueda proclamar tus alabanzas, te lo pedimos por el mismo Cristo, que vive y reina por los siglos de los siglos.**
Parents: Amén.

Celebrant: **Jesucristo, el único Señor y Redentor, te bendiga, (+) *nombre* guarde tu cuerpo, salve tu alma, y te lleve a la vida eterna.**
Parents: Amén.

FIRST COMMUNION
THINGS TO NOTE REGARDING THE CELEBRATION

It is rare, but you may come across a little girl on the day of her First Communion dressed like Our Lady of Mt. Carmel or Our Lady of Guadalupe. If so, this is to fulfill a promise, called a *manda*, which would have been made by her parents either at her birth or in some time of crisis.

You can certainly expect the parents of the first communicant to ask about godparents because it is their experience that the godparents, rather than the parents, will accompany their son or daughter to the altar. There may be both a godmother and a godfather, but it is just as common to have a godfather for a boy and a godmother for a girl. Their responsibility will be to cover any financial cost for the ceremony (a *sacramental fee* or a *certificate fee* if the parish asks for one), to provide the candle for the first communicant (hence their title "padrinos de velación") and to escort the child to the altar.

RITO PARA
LA PRESENTACIÓN
DE UNA NIÑA DE 3 AÑOS

The Presentation of a Girl on her Third Birthday

This ceremony is done in honor of Our Lady's presentation at the Temple at the age of three. It is normally done for girls, although it may also be done for little boys. The child, dressed in white, accompanied by the parents and godparents, waits at the door of the Church. After the singing of the "Lord, have mercy"– if it's a Mass – the celebrant goes to the door and greets them.

Celebrant: ¿Qué piden ustedes?

Parents and Godparents: En nombre de María, Hija de Dios Padre, Madre de Dios Redentor, y Esposa del Espíritu Santo, te pedimos presentar a nuestra niña *nombre*, consagrándola al servicio de Jesucristo y su Iglesia Católica.

Celebrant: Oh Cristo, tú eres el Rey de la Gloria, el Hijo de Dios Padre y la Palabra eterna por la cual Dios creó el mundo. Para salvar al hombre, tomaste la condición de esclavo en el seno de la siempre Virgen María, destruíste la muerte y abriste a los creyentes las puertas del cielo.

Acepta la devoción de estos padres y bendice a su hija *nombre*.

Celebrant: Salva a tu pueblo, Señor.
Parents and Godparents: Y bendice tu heredad.

Celebrant: Sé su pastor.
Parents and Godparents: ¡Y guíalos por siempre!

Celebrant: Por la Gloria de Dios y en nombre de la Santa Madre de Dios, les pido entrar.

Returning to the altar, the celebrant continues with the proper Opening Prayer, or:

Celebrant:	**Oremos:**
	Señor Nuestro Jesucristo, Hijo de Dios Vivo, que engendrado antes de todos los siglos, quisiste, sin embargo, ser niño en el tiempo, y amas la inocencia propia de la infancia; que abrazabas con amor a los niños que te presentaban y los bendecías, mira con ternura a esta niña y no permitas que la malicia pervierta su corazón. Concédele, Señor, que creciendo en edad, sabiduría y gracia, pueda siempre llevar una vida según tu voluntad.
	Tú que vives y reinas con el Padre en la unidad del Espíritu Santo, un solo Dios por los siglos de los siglos.
All:	**Amén.**

The readings of the day or Num. 6: 22-27, Ps. 102(3), Rom. 8: 22-30 and Mk. 10: 13-16

After the homily, which explains briefly the reason for the consecration as well as the reason for our taking Mary as our model, the celebrant invites the padrinos (godparents) to come to the altar with the little girl. They help the child to recite one of the following prayers:

Godparents and Child: ¡Oh Inmaculada María, niña preciosísima, que a la edad de tres años te consagraste a Dios en el templo de Jerusalén! Aquí estoy yo, también niña como tú, deseando que Dios me acepte, llenándome de tus virtudes y de tus gracias. Llévame a ese Jesús del Sagrario a Quien amo; que yo quiero ser pura hasta la muerte. Amén.

or

Jesús Divino, tú que estás en el Sagrario y que has dicho "Dejad que los niños se acerquen a Mí"; aquí vengo de la mano de tu Inmaculada Madre, a consagrarte mis ojos, mis oídos, mi lengua, mi corazón y mi alma, recordando este paso de su presentación al templo. Quiero imitar sus virtudes, sobre todo la pureza de corazón, reflejando la imagen del Padre y del Hijo y del Espíritu Santo, para hacer siempre la divina voluntad. Amén.

Celebrant: Señor Dios nuestro, que de la boca de los niños, has sacado la alabanza de tu Nombre, mira con bondad a esta niña que la Iglesia encomienda a tu Providencia; y así como tu Hijo, nacido de la Virgen María, al recibir con agrado a los niños, los abrazaba y los bendecía y nos los puso como ejemplo, así también, Padre, derrama sobre ella tu bendición (+), para que cuando llegue a mayor, por su buena conducta entre los hombres, y con la fuerza del Espíritu Santo, sea testigo de Cristo ante el mundo, y enseñe y defienda la fe que profesa hoy con sus padrinos.

Te lo pedimos por Cristo, nuestro Señor.

All: Amén.

If the godparents wish to give their godchild gifts symbolic of the Christian life, these may be blessed now.

Ring

Celebrant: Bendice (+) Señor a esta hija tuya, santifícala en tu amor y que este anillo, símbolo de amor y fidelidad, le recuerde siempre de tu amor paternal. Por Cristo, nuestro Señor, que vive y reina por los siglos de los siglos.

Godparents and Child: Amén.

Medal

Celebrant: Bendito seas, Señor, fuente y orígen de toda bendición, que te complaces en la piedad sincera de tus fieles; te pedimos que atiendas a los deseos de tus servidores y les concedas que, llevando consigo esta medalla de _nombre_, se esfuerce por irse transformando en la imagen de tu Hijo, que vive y reina por los siglos de los siglos.

Godparents and Child: Amén.

Rosary

Celebrant: En memoria de los misterios de la vida, muerte y resurrección de nuestro Señor, para honra de la Virgen María, Madre de Cristo y de la Iglesia, sea bendecida la

	persona que rece devotamente con este rosario: en el nombre del Padre (+) y del Hijo y del Espíritu Santo.
Godparents and Child: Amén.	

Bracelet or watch

Celebrant:	Envía, Señor, tu bendición sobre esta pulsera, que bendecimos (+) en tu Santo Nombre, para que la niña que la lleve guarde el amor y la pureza. Te lo pedimos por Cristo que vive y reina por los siglos de los siglos.
Godparents and Child: Amén.	

If the Mass is celebrated on a Sunday or solemnity, the Profession of Faith follows and then the Prayers of the Faithful. If the Profession of the Faith is not recited, then the Prayer of the Faithful follows immediately after the blessings.

Celebrant:	**Invoquemos a Jesús el Señor, que propuso a todos sus seguidores la sencillez y docilidad de los niños como condición para entrar en el Reino de los Cielos, y digámosle suplicantes: "Señor, escúchanos."**
Reader:	Señor, Tú, que nacido de la Virgen, santificaste también la edad infantil, haz que todos los niños – siguiendo tu ejemplo – vayan creciendo en sabiduría, en estatura y en gracia. Te lo pedimos, Señor.
All:	**Señor, escúchanos.**
Reader:	Señor, Tú, que por medio de los padres y de la Iglesia, manifiestas tu amor a los niños, haz que todos los responsables de su cuidado tengan una verdadera dedicación a su vocación. Te lo pedimos, Señor.
All:	**Señor, escúchanos.**
Reader:	Señor, Tú, que por el Bautismo, nos engendraste a una nueva filiación y nos abriste las puertas de la casa de tu Padre, haz que – con humilde sumisión – te sigamos por donde quieras llevarnos. Te lo pedimos, Señor.
All:	**Señor, escúchanos.**
Reader:	Señor, Tú que siendo todavía niño, sufriste la persecución y el destierro, haz que todos los niños oprimidos por la

	maldad de los hombres o la dureza de la vida encuentren ayuda y protección. Te lo pedimos, Señor.
All:	**Señor, escúchanos.**

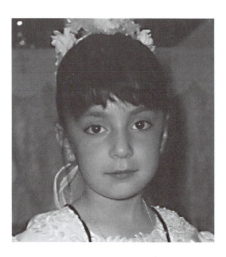

At a Mass, the parents and godparents bring to the altar the gifts of bread and wine and the celebrant continues with the Offertory, Preface and Eucharistic prayer. After the doxology, and before he introduces the Lord's Prayer, he invites the padrinos to come to the altar with the little girl. The godfather receives a lit candle, which he holds during the prayers that follow, up to and including the reception of Holy Communion. After receiving Communion, they return to their pew, where the padrino can blow out his candle.

Celebrant:	Oremos: **Señor Jesucristo, tú amaste tanto a los niños que dijiste que quienes los reciben te reciben a Tí mismo; escucha nuestras súplicas en favor de esta niña, sus padres y padrinos, y – ya que la enriqueciste con la gracia del Bautismo, prepárala para el día de su 1ra. Comunión.** **Guárdala con tu continua protección, para que, cuando llegue a mayor, profese libremente su fe, sea fervorosa en la caridad y persevere con firmeza en la esperanza de tu Reino, tú que vives y reinas por los siglos de los siglos.**
All:	**Amén.**

RITO PARA
LA RENOVACIÓN DE LOS VOTOS BAUTISMALES EN LA CELEBRACIÓN DE LOS XV AÑOS

The Renewal of a Young Woman's Baptismal Vows
On the Occasion of her Fifteenth Birthday

Arranged for a communal or individual celebration

The quinceaños ceremony is a formal renewal of a 15 year old girl's Baptismal vows. It marks her entrance into adult society and in former times signified her availability for marriage. These are lavish ceremonies and entail a prodigious outlay of money from families that can generally least afford it. For this reason, some parishes forbid them outright. This, however, leads to other difficulties – for example, the renewal of a girl's Catholic Baptism in a Protestant church! What seems to work best is to celebrate the ceremony for a number of young women communally and to make the celebration a fiesta for the entire community. It is also possible to limit the number of godparents who present gifts to just those couples who will be presenting gifts with religious significance and to allow the more secular gifts to be given at the reception which generally follows.

This ritual will make it possible for you to celebrate the quinceaños ceremony for an individual quinceañera or for several quinceañeras at once.

1st VERSION - *for an Individual Quinceañera*

Ritos Iniciales

*The entrance procession is normally led by the **dama** and **chambelán de honor**, followed by the other damas and chambelanes. (There are usually 15 couples in total.) Afterwards, the godparents **(padrinos** and **madrinas)** enter in this order: crown **(corona)**, rings **(anillos)**, medal **(medalla)**, Bible and rosary **(libro y rosario)**, watch **(pulsera)**, pillows **(cojines)**, flowers **(ramos)** and the principal godparents **(los padrinos de velación)**. Then the parents enter with the quinceañera. If there are pages and flower girls **(pajecitos** and **damitas de pétalos)** they enter immediately before the **quinceañera**.*

Place the damas and chambelanes in the front pew, damas on your right and chambelanes to the left; but have them bow, or genuflect, before turning and entering. If possible have them enter from the sides of the pews rather than from the main aisle. This will place the dama and chambelán de honor closest to the aisle. They remain standing, facing the center until the quinceañera passes, when all should turn and face the altar.

*Place the padrinos and madrinas in the second pew, entering the same way, so that the padrinos de la corona are closest to the center aisle. The padrinos de velación enter the sanctuary (or the **presbiterio**) and take their place at kneelers reserved for them. Finally the parents enter, and accompany their daughter to her place of honor in the sanctuary while they take their places in the third pew behind the padrinos.*

Celebrant:	**En el nombre del Padre y del Hijo y del Espíritu Santo.**
All:	Amén.
Celebrant:	**El Señor esté con vosotros.**
All:	Y con tu Espíritu.
Celebrant:	*Nombre,* **en nombre de toda la parroquia de** *nombre* **y con tanta alegría, te doy la bienvenida hoy que quieres renovar tus votos bautismales en frente de tus familiares y amistades quienes te acompañan.**
	Para prepararnos para la celebración de tus quinceaños, vamos a reconocer nuestros pecados y confesarlos humildemente ante Dios.
All:	**Yo confieso ante Dios, todopoderoso, y ante ustedes, hermanos, que he pecado mucho, de pensamiento, palabra, obra y omisión; por mi culpa, por mi culpa, por mi gran culpa.**
	Por eso ruego a Santa María, siempre virgen, a los ángeles y los santos, y a ustedes, hermanos, que intercedan por mí ante Dios, nuestro Señor.
Celebrant:	**Que el Señor tenga misericordia de nosotros, perdone nuestras ofensas y nos lleve a la vida eterna.**
People:	Amén.
Celebrant:	**Señor, ten piedad.**
People:	Señor, ten piedad.

Celebrant:	**Cristo, ten piedad.**
People:	Cristo, ten piedad.
Celebrant:	**Señor, ten piedad.**
People:	Señor, ten piedad.

Oración Colecta:

Celebrant: **Oremos:**

Dios, Padre de bondad y amor, te pedimos que mires con cariño a esta hija tuya. Nos hemos congregado aquí con ella, pidiéndote que la fortalezcas en la fe que le ha traído aquí en este día.

Por medio de los dones del Espíritu Santo, guía sus pasos por la vida para que sea fiel testigo de tu amor.

Esto te lo pedimos por nuestro Señor, Jesucristo, que vive y reina contigo en la unidad del Espíritu Santo, un sólo Dios por los siglos de los siglos.

All: Amén.

Liturgia de la Palabra

The readings are generally proclaimed by participants in the ceremony, whether they be padrinos or damas and chambelanes. Many of the readings offered for the celebration of Baptism, Confirmation or the wedding ceremony are suitable for a Quinceaños Mass. The readings listed here are simply suggestions.

Primera Lectura *Exodo 24: 3-8; Deuteronomio 8: 2-3, 14-16; Isaías 11: 1-4 or 25: 6-9 or 61: 1-3, 6, 8-9; Jeremías 31: 31-37; Ezequiel 36: 24-28; Joel 2: 23, 26-30*

Salmo Responsorial *"Alaben al Señor, los que lo buscan" (Salmo 21); "El Señor es mi pastor, nada me faltará" (Salmo 22); "Haced la prueba y veréis qué bueno es el Señor" (Salmo 33); "Alabad al Señor todos los pueblos" (Salmo 95); "Envía, Señor, tu Espíritu a renovar la faz de la tierra" (Salmo 103); "En tí, Señor, tengo puestos mis ojos" (Salmo 122); "Abres, Señor, tu mano y nos sacies de favores" (Salmo 144);*

Segunda Lectura *Hechos 2: 42-47; Romanos 6: 3-9 or 8: 14-17 or 8: 31-39 or 12: 1-2, 9-18; 1 Corintios: 10: 16-17 or 12: 4-13 or 12: 31-13:8; Efesios 4: 1-6; Filipenses 2:1-4; Colosenses: 3: 12-17; 1 Pedro 2: 4-5, 9-10; 1 Juan 3: 1-2 or 4: 7-12*

Santo Evangelio   *Mateo 5: 1-12 or 7: 21, 24-29 or 11: 25-30 or 16: 24-27 or 19: 16-26 or 22: 35-40 or 25: 1-13 or 25: 31-40; Lucas 24: 13-35; Juan 3: 1-6 or 6: 24-35 or 6: 51-59 or 7: 37-39 or 10: 11-18 or 14: 23-26 or 15: 9-12*

Renovación de los Votos Bautismales

The renewal of the girl's Baptismal vows forms the core of the ceremony. Not counting the homily, there are five separate steps in the renewal: the Profession of Faith, the Examination of the Parents and Padrinos, the Blessing of the Holy Water, the Dedication of the Quinceañera, and the Presentation of the Symbols of the Christian life.

After the homily, the celebrant returns to the altar where he invites the quinceañera to make a personal profession of faith. She should kneel during the renunciations.

I   Profesión de Fé de la Quinceañera

Celebrant: <u>Nombre</u>, de rodillas, por favor.
Cuando eras todavía muy chiquita, tus padres y padrinos te llevaron a la pila bautismal para que fueras iniciada en el misterio de la muerte y resurrección de Cristo Jesús.

En aquel momento, Cristo te salvó, incorporándote en la Iglesia Católica para que recibieras los dones del Espíritu Santo por el Sacramento de Confirmación y su Cuerpo y Sangre por la Eucaristía.

En aquel momento – ya hace quince años – ellos hicieron una profesión de fe en tu nombre. Ahora, la Santa Madre Iglesia te pide a tí que hagas por tí misma este compromiso de fe.

Celebrant: Entonces, mi querida Quinceañera:

¿Renuncias a Satanás?
Quinceañera: Sí, renuncio.

¿Renuncias a todas sus obras y seducciones?
Quinceañera: Sí, las renuncio.

¿Renuncias a todo pecado, para que puedas vivir como hija de Dios Padre?
Quinceañera: Sí, lo renuncio.

Celebrant:	Ya mi hija, ponte de pie por favor, para profesar tu fe ... ¿Crees en Dios Padre Todopoderoso, creador del cielo y la tierra?
Quinceañera:	Sí, creo en Dios Padre.
	¿Crees también en Jesucristo, su único Hijo, Señor nuestro, que nació de la Virgen María, padeció, fué sepultado, resucitó de entre los muertos y está sentado a la derecha del Padre ... en Cristo crees?
Quinceañera:	Sí, creo en Cristo.
	¿Crees en el Espíritu Santo, en la Santa Iglesia Católica, en la Comunión de los Santos, en el perdón de los pecados, en la Resurrección de los muertos y en la vida eterna?
Quinceañera:	Sí, todo eso creo.
Celebrant:	**Esta es nuestra fe, la fe de la Santa Iglesia que nos gloriamos de profesar en nuestro Señor, Jesucristo, que vive y reina por los siglos de los siglos.**
People:	Amén.

II EXAMEN DE LAS INTENCIONES DE LOS PADRES Y PADRINOS

Then, turning to the parents and padrinos, he asks if they have been responsible witnesses of the faith and have accomplished their Christian duties to the quinceañera.

Celebrant:	**Queridos Padres y Padrinos,**
	¿Han tomado seriamente su responsabilidad de formar a su hija, <u>*nombre*</u>, en la fe?
Parents and Godparents:	Sí.
	¿Han cumplido ustedes en ayudar a esta quinceañera a celebrar su Primera Confesión y Comunión?
Parents and Godparents:	Sí.
	¿Prometen continuar en la práctica de la fe, confesando sus pecados, asistiendo a la

	Misa los Domingos, y comulgando con frecuencia?
Parents and Godparents:	Sí, prometemos, con la gracia de Dios.

III   BENDICIÓN DEL AGUA

The server brings the water to the celebrant who blesses it either where he stands or directly in front of the kneeler where the quinceañera stands.

Celebrant: **Bendito seas, Señor, Padre de Salvación, porque por medio de esta agua y por obra del Espíritu Santo, nos das nueva vida por el Sacramento del Bautismo y así nos haces hijos tuyos. (+)**
People: Bendito seas por siempre, Señor.

Celebrant: **Bendito seas, Señor, Jesucristo, Dios y hombre verdadero, porque por la efusión de los dones del Espíritu Santo, Tú santificas a tu Iglesia. (+)**
People: Bendito seas por siempre, Señor.

Celebrant: **Bendito seas, Señor, Dios Espíritu Santo, porque nos has elegido ser testigos de tu poder en frente de las naciones. (+)**
People: Bendito seas por siempre, Señor.

Celebrant: **Dios de amor y salvación, oye ya la oración que te hace esta familia. En Tí encontramos la Salvación y la nueva vida. Por eso, Te pedimos que bendigas esta agua para que tu hija, *nombre*, renueve su compromiso bautismal.**

(+) En el nombre del Padre y del Hijo y del Espíritu Santo.
People: Amén.

IV   BENDICIÓN DE LA QUINCEAÑERA

Standing before the quinceañera, the celebrant blesses her with the water, then offers the container of holy water to the parents and padrinos de velación who trace the sign of the cross on the girl's forehead with their thumb or forefinger, saying:

"<u>Nombre,</u> te bendigo en el nombre del Padre y del Hijo y del Espíritu Santo. Amén."

The madrina de velación has the honor of blessing the quinceañera first, followed by the mother, the padrino de velación, and finally the quinceañera's father.

V   Dedicación y Consagración de la Quinceañera

During her preparation for the ceremony, the quinceañera might be asked to write her own dedication or "consecration" by which she expresses her gratitude to God, dedicates herself anew to the Gospel and asks a blessing upon her family and the padrinos. This would be read by the quinceañera either from the pulpit or from the kneeler.

What follows is simply a model.

Quinceañera: *"Gracias, te doy, Padre Bueno, porque me has permitido llegar a este día en que celebro mis XVaños y me consagro nuevamente a Tí.*

"Gracias por darme la oportunidad de celebrar mis XVaños aquí en la Iglesia donde fuí bautizada y así poder renovar mi compromiso bautismal.

"Señor, te doy gracias por mis padres, mis padrinos, mis damas y chambelanes y todas las personas que me acompañan en este día tan especial en mi vida. Les pido sus oraciones para que yo viva como buena Cristiana y sepa escuchar los consejos de mis padres y familiares.

*"Que me ayuden a seguir a la Virgen María como modelo, y me pongo bajo el amparo de la Santa Madre de Dios (*or *la Santa Virgen de Guadalupe* or *la Santa Virgen de Zapopan,* etc.*) para que me cubra con su manto de misericordia. Amén."*

VI   Presentación de los Símbolos de la Vida Cristiana

At this point in the ceremony, the quinceañera receives the various gifts which symbolize the life of the faithful Christian and the love of her family. There are various presumed orders in which these gifts are presented, but what follows is standard. If there are many English-speaking people present, the celebrant might want to explain the meaning behind each of the gifts.

      Corona (crown)   *The promise of heaven's glory*
      Anillos (rings)   *The eternity of God's love*
      Medalla (medal)   *The maternal protection of the Virgin Mary*
      Libro y Rosario (bible — or prayerbook — and a rosary)
                                      The abiding presence of the Word of God
      Cojín (pillow)   *The joys and pleasures of life*
      Pulsera (watch)   *A reminder that those pleasures are fleeting*
      Aretes (earrings) *A reminder that true beauty is in the heart*

Celebrant: **Dios, todopoderoso, derrama tu bendición sobre este/a /os _____ y la quinceañera que lo/la/los recibe, para que sea/sean un recuerdo permanente de las alegrías de hoy y la promesa de la gloria celestial.**
(*or* **la eternidad del amor de Dios Padre.**
(*or* **la presencia de la Palabra de Dios.**
(*or* **las alegres y placeres de la vida.**
(*or* **la temporalidad de estos placeres terrenos.**
(*or* **que la belleza está en el corazón.**

           or
           Bendice en tu santo nombre, Señor, este/a/os _____ y los padrinos que lo/la/los entregan con cariño a <u>*nombre*</u> en esta celebración de sus quinceaños.

VII   Liturgia de la Eucaristía

The most important padrinos at the Quinceaños Mass are the padrinos de velación. The word "velación" refers to their role as "sponsors for the Church" (from the word "vela" or "candle.") They usually have the honor of bringing the gifts of bread and wine to the altar and presenting these gifts first to the quinceañera, who hands them on to the celebrant or deacon. At the very least she should be instructed to touch the gifts before the padrinos offer them to the celebrant.

Oración Sobre Las Ofrendas:

Celebrant: **Recibe, Señor, el sacrificio que te ofrecemos por esta hija tuya que celebra hoy sus quinceaños. Y ya que eres**

	el autor del bautismo, sé también protector de ella que ha renovado sus votos bautismales hoy en nuestra presencia. Te lo pedimos por Jesucristo, nuestro Señor.
People:	Amén.

PREFACIO Y SANTO
There are no proper prefaces for the celebration of the Quinceaños Mass. One proper for the season may be used.

PLEGARIA EUCARÍSTICA
*In general the Spanish Sacramentary, the **Misal Romano**, offers more proper inserts in the Eucharistic Prayer than the English Sacramentary offers. Unfortunately, there are no inserts for the Quinceaños Mass.*

PADRE NUESTRO
Before beginning the Lord's Prayer, the padrinos de velación should be invited to come up and stand beside the quinceañera. The deacon of the Mass (or the server) hands the padrino a lit candle which he holds from the beginning of the Lord's Prayer until after receiving Holy Communion when the padrinos return to their pews.

LA SANTA COMUNIÓN Y ORACIÓN FINAL
The quinceañera should be the first to receive Holy Communion, followed by the padrinos de velación and the girl's parents. Then the celebrant communicates the rest of the congregation. During the distribution of Communion, the padrinos stand beside their goddaughter, returning to their pew after the priest has returned to the altar.

Following the purification of the chalice and paten, the celebrant returns to the chair and offers the Post-Communion Prayer:

Celebrant:	Oremos: Por este sacrificio de salvación, protege, Señor, con tu santa providencia, a esta quinceañera, y unifica en un mismo corazón a sus padres y padrinos, para que puedan permanecer siempre fieles a Tí y dar testimonio de tu amor ante los hombres. Esto te lo pedimos por Nuestro Señor, Jesucristo, que vive y reina por los siglos de los siglos.
People:	Amén.

La Presentación de los Ramos

*After the Communion Rite has been concluded, the celebrant should invite the dama de honor to offer a bouquet of flowers (the **ramo natural**) to the quinceañera.*

*Actually there will be two ramos used at a Quinceaños Mass. The first is the **ramo natural**, made of fresh flowers. In English this would be called the "presentation bouquet" because it is the bouquet which is presented to the Virgin Mary. After receiving her ramo, the quinceañera goes to the shrine of Our Lady, accompanied by the dama de honor. Both kneel after the quinceañera presents the bouquet.*

*On returning to her kneeler, the quinceañera receives a second bouquet, the **ramo permanente**, which is often a large bouquet made of beaded and sequined artificial flowers. There may be a **madrina del ramo permanente** who should present this bouquet, and if there is, the bouquet should be blessed as were the other gifts presented to the quinceañera. However if there is no madrina del ramo permanente, then the madrina de velación should present the second ramo.*

*During the presentation of the two ramos, the **chambelán** should come forward and take his place to the right of the quinceañera's kneeler where he stands until the dismissal.*

VIII   La Despedida

Celebrant: **El Señor esté con vosotros.**
People: Y con tu espíritu.

Celebrant: **Que Dios todopoderoso te bendiga, (+) el Padre y el Hijo y el Espíritu Santo,**
People: Amén.

Deacon *(or Celebrant)*: **Vámonos en paz, la Misa ha terminado.**
People: Demos gracias a Dios.

The quinceañera offers her left arm to her escort, (the chambelán) who then escorts the quinceañera back down the main aisle. The order of this procession is quinceañera and her chambelán, followed by the dama de honor (and her chambelán, if there is one), the padrinos de velación and the girl's parents and then the rest of the padrinos. If there are other damas and chambelanes, they come last.

ORGANIZING THE XV AÑOS MASS

Who goes where and why does it take so many couples?

In celebrating the XV años Mass, there are a number of things to keep in mind. First of all, this is an extraordinary opportunity to reach out to the uncatechized members of your parish.

Assume that there will be *damas* and *chambelanes* who have not yet received their sacraments. They may not even know how to behave in church, but a smile can put them at ease and making them feel welcome may be the first step towards inviting them to receive their sacraments.

Secondly, no matter how simple you would like to keep the ceremony, it will likely end up in a lavish display — the poorer the family, the more costly the gowns! Remember though that a good deal of the cost of the ceremony will be shared by the various *padrinos*, e.g. the padrinos of the gown and the padrinos of the limousine.

There are two principal groups involved in the ceremony. First the *damas* and *chambelanes*. They will consist of the *quinceañera's* sisters, cousins and friends. There may be as many as fifteen couples and they come first in the traditional entrance procession. Let the *damas* take the first pew on your right and the *chambelanes* the first on the left.

The second group are the *padrinos*. In general they represent the parents' generation. They enter next, taking the second pew on the left and right.

The most important godparents are the *padrinos de velación* and they come in at the end of all the other padrinos. Their place in the sanctuary is a little behind and to the right and left of

THE PADRINOS

✣ **Corona** – *Crown*
  Promise of Heaven

✣ **Anillo** – *Ring*
  Sanctifying grace

✣ **Libro y Rosario**
  The importance of prayer

✣ **Cojines** – *Pillows*
  The joy of spiritual love

✣ **Pulsera** – *Watch*
  Our world will pass away

✣ **Aretes** – *Earrings*
  True beauty is interior

✣ **Medalla** - *Medal*
  Our Lady's protection

the *quinceañera*. In the entrance rite she comes in accompanied by her parents and perhaps a flower girl or two. There should be a kneeler centered in front of the altar for the *quinceañera*. Her parents stay behind the *padrinos de velación*.

All but the simplest celebrations include *padrinos* of the *corona*, the *anillo*, *libro y rosario*, *cojines*, *pulsera*, *aretes* and the *medalla*. There may also be *padrinos de la Biblia* and a *madrina del ramo*. The honor of presenting the floral bouquet is sometimes divided between two people — the *dama de*  *honor*, who presents the bouquet of fresh flowers left at the Virgin's shrine, and the *madrina del ramo permanente* who presents a large bouquet of silk flowers. If there is no *madrina del ramo permanente* then the *dama de honor* can present the live bouquet and the *madrina de velación* the permanent one.

Note that the *chambelán de honor* does not accompany the *dama de honor*. His sole function is to escort the *quinceañera* down the aisle after Mass. The *dama de honor* follows behind, either unescorted or with another *chambelán*.

ORGANIZING WEDDINGS
IS EASY IF YOU KNOW HOW TO ORGANIZE THE QUINCEAÑOS MASS!

Weddings are organized along the same lines as the Quinceaños Mass. The *damas* and *chambelanes* are from the generation of the bride and groom while the *padrinos* are from their parents' generation. There will be a *dama de honor* and a *chambelán de honor*, but they are not the principal or legal witnesses of the ceremony. This is the role of the *padrinos de velación* who will expect to be involved as much as possible. If your state requires the witnesses themselves to sign the wedding license, you can invite the padrinos to do this in front of the whole congregation after the Final Prayer and before the Dismissal.

Note that in Hispanic countries the order of the traditional marches is reversed. The bride enters to the Nuptial March and leaves with the familiar "Here Comes the Bride."

2nd VERSION - *for a Communal Celebration*

Ritos Iniciales

The most important factor to remember in a communal celebration is that the scale of events must be reduced to accommodate everyone. Thus, each quinceañera will be accompanied on this day by one dama, her chambelán, the padrinos de velación and her parents. The order for the entrance procession is dama (the chambelán waits in the proper pew), followed by the padrinos de velación and the quinceañera accompanied by her parents. This same order is repeated for each of the girls celebrating her quinceaños.

Each quinceañera needs a reserved pew at the front of the congregation where her attendants can participate easily in the action of the Mass. As the attendants for each quinceañera arrive at the front of the sanctuary, have them bow or genuflect, then turn and enter — if possible — from the sides, so that the dama and chambelán de honor are closest to the aisle. They remain standing, facing the center until the last quinceañera passes, when everyone can turn and face the altar.

*There should be kneelers set out for each quinceañera and as they enter the sanctuary, they should take their places. Have the padrinos accompany their goddaughters (**ahijadas**) into the sanctuary and stand behind them for the first part of the Mass. (They can return to their pews at the beginning of the Liturgy of the Word.)*

Celebrant: **En el Nombre del Padre y del Hijo y del Espíritu Santo.**
All: Amén.

Celebrant: **El Señor esté con vosotros.**
All: Y con tu Espíritu.

Celebrant: *Nombres,* **en nombre de toda la parroquia de** *nombre,* **y con tanta alegría, les doy la bienvenida hoy que quieren renovar sus votos bautismales en frente de sus familiares y amistades quienes les acompañan.**

Para prepararnos para la celebración de sus quinceaños, vamos a reconocer nuestros pecados y confesarlos humildemente ante Dios.

All: **Yo confieso ante Dios, todopoderoso, y ante ustedes, hermanos, que he pecado mucho, de pensamiento, palabra, obra y omisión; por mi culpa, por mi culpa, por mi gran culpa.**

	Por eso ruego a Santa María, siempre virgen, a los ángeles y los santos, y a ustedes, hermanos, que intercedan por mí ante Dios, nuestro Señor.
Celebrant:	Que el Señor tenga misericordia de nosotros, perdone nuestras ofensas y nos lleve a la vida eterna.
People:	Amén.
Celebrant:	**Señor, ten piedad.**
People:	Señor, ten piedad.
Celebrant:	**Cristo, ten piedad.**
People:	Cristo, ten piedad.
Celebrant:	**Señor, ten piedad.**
People:	Señor, ten piedad.

Oración Colecta:

Celebrant: Oremos:

Dios, Padre de bondad y amor, Te pedimos que mires con cariño a éstas hijas tuyas. Nos hemos congregado aquí con ellas, pidiéndote que las fortalezcas en la fe que les ha traído aquí en este día.

Por medio de los dones del Espíritu Santo, guía sus pasos por la vida para que sean fieles testigos de tu amor.

Esto te lo pedimos por nuestro Señor, Jesucristo, que vive y reina contigo en la unidad del Espíritu Santo, un solo Dios por los siglos de los siglos.

People: Amén.

Liturgia de la Palabra

The readings are generally proclaimed by participants in the ceremony, whether they be padrinos or damas and chambelanes. Many of the readings offered for the celebration of Baptism, Confirmation or the wedding ceremony are suitable for a Quinceaños Mass. The readings listed here are simply suggestions.

Primera Lectura *Exodo 24: 3-8; Deuteronomio 8: 2-3, 14-16;*
Isaías 11: 1-4 or 25: 6-9 or 61: 1-3, 6, 8-9; Jeremías 31: 31-37;
Ezequiel 36: 24-28; Joel 2: 23, 26-30

Salmo Responsorial *"Alaben al Señor, los que lo buscan" (Salmo 21);*
"El Señor es mi pastor, nada me faltará" (Salmo 22);
"Haced la prueba y veréis qué bueno es el Señor" (Salmo 33);
"Alabad al Señor todos los pueblos" (Salmo 95);
"Envía, Señor, tu Espíritu a renovar la faz de la tierra" (Salmo 103);
"En tí, Señor, tengo puestos mis ojos" (Salmo 122);
"Abres, Señor, tu mano y nos sacies de favores" (Salmo 144).

Segunda Lectura *Hechos 2: 42-47; Romanos 6: 3-9 or 8: 14-17 or*
8: 31-39 or 12: 1-2, 9-18; 1 Corintios: 10: 16-17 or 12: 4-13 or
12: 31-13:8; Efesios 4: 1-6; Filipenses 2:1-4; Colosenses: 3: 12-17;
1 Pedro 2: 4-5, 9-10; 1 Juan 3: 1-2 or 4: 7-12

Santo Evangelio *Mateo 5: 1-12 or 7: 21, 24-29 or 11: 25-30 or 16: 24-*
27 or 19: 16-26 or 22: 35-40 or 25: 1-13 or 25: 31-40; Lucas 24: 13:-
35; Juan 3: 1-6 or 6: 24-35 or 6: 51-59 or 7: 37-39 or 10: 11-18 or
14: 23-26 or 15: 9-12

RENOVACIÓN DE LOS VOTOS BAUTISMALES

The renewal of the girl's Baptismal vows forms the core of the ceremony. Not counting the homily, there are five separate steps in the renewal: the Profession of Faith, the Examination of the Parents and Padrinos, the Blessing of the Holy Water, the Dedication of the Quinceañera, and the Presentation of the Symbols of the Christian Life.

After the homily, the celebrant returns to the altar where he invites the quinceañeras to make a personal profession of faith. They should kneel during this renunciation.

I   PROFESIÓN DE FE DE LAS QUINCEAÑERAS

Celebrant: <u>Nombres</u>, de rodillas, por favor.
Cuando eran todavía muy chiquitas, sus padres y padrinos las llevaron a la pila bautismal para que fueran inciadas en el misterio de la muerte y resurrección de Cristo Jesús.

En aquel momento, Cristo les salvó, incorporándoles en la Iglesia Católica para que recibieran los dones del Espíritu Santo por el Sacramento de la Confirmación y el Cuerpo y la Sangre de Cristo por la Eucaristía.

En aquel momento – ya hace quince años – ellos hicieron una profesión de fe en sus nombres. Ahora, la Santa Madre Iglesia les pide a ustedes que hagan por si mismas este compromiso de fe.

Celebrant: Entonces, mis queridas Quinceañeras: ¿Renuncian a Satanás?

Quinceañeras: Sí, renunciamos.

¿Renuncian a todas sus obras y seducciones?

Quinceañeras: Sí, las renunciamos.

¿Renuncian a todo pecado, para que puedan vivir como hijas de Dios Padre?

Quinceañeras: Sí, los renunciamos.

Celebrant: Ya mis hijas, pónganse de pie para profesar su fe … ¿Creen en Dios Padre Todopoderoso, creador del cielo y la tierra?

Quinceañeras: Sí, creemos en Dios Padre.

¿Creen también en Jesucristo, su único Hijo, Señor nuestro, que nació de la Virgen María, padeció, fué sepultado, resucitó de entre los muertos y está sentado a la derecha del Padre … en Cristo creen?

Quinceañeras: Sí, creemos en Cristo.

¿Creen en el Espíritu Santo, en la Santa Iglesia Católica, en la Comunión de los Santos, en el perdón de los pecados, en la Resurrección de los muertos y en la vida eterna?

Quinceañeras: Sí, todo eso creemos.

Celebrant: Esta es nuestra fe, la fe de la Santa Iglesia que nos gloriamos de profesar en Nuestro Señor, Jesucristo, que vive y reina por los siglos de los siglos.

People: Amén.

II   Examen de las Intenciones de los Padres y Padrinos

Then, turning to the parents and padrinos, he asks if they have been responsible witnesses of the faith and have accomplished their Christian duties to the quinceañeras.

Celebrant:	"Queridos Padres y Padrinos,
	¿Han tomado seriamente su responsibilidad de formar a su hija <u>*nombre,*</u> en la fe?
Parents and Godparents:	Sí.
	¿Han cumplido ustedes en ayudar a esta quinceañera a celebrar su Primera Confesión y Comunión?
Parents and Godparents:	Sí.
	¿Prometen continuar en la práctica de la fe, confesando sus pecados, asistiendo a la Misa cada Domingo, y comulgando con frecuencia?
Parents and Godparents:	Sí, prometemos, con la gracia de Dios.

III   Bendición del Agua

The server brings the water to the celebrant who blesses it either where he stands, or directly in front of the kneeler where the quinceañeras stand.

Celebrant: **Bendito seas, Señor, Padre de Salvación, porque por medio de esta agua y por obra del Espíritu Santo, nos das nueva vida por el Sacramento del Bautismo y así nos haces hijos tuyos. (+)**
People: Bendito seas por siempre, Señor.

Celebrant: **Bendito seas, Señor, Jesucristo, Dios y hombre verdadero, porque por la efusión de los dones del Espíritu Santo, Tú santificas a tu Iglesia. (+)**
People: Bendito seas por siempre, Señor.

Celebrant: **Bendito seas, Señor, Dios Espíritu Santo, porque nos has elegido ser testigos de tu poder en frente de las naciones. (+)**
People: Bendito seas por siempre, Señor.

Celebrant: Dios de amor y salvación, oye ya la oración que te hacen estas familias. En Tí encontramos la Salvación y la nueva vida. Por eso, Te pedimos que bendigas esta agua para que tus hijas, <u>nombres</u>, renueven su compromiso bautismal.

(+) En el nombre del Padre y del Hijo y del Espíritu Santo.

People: Amén.

IV   Bendición de las Quinceañeras

Standing before the quinceañeras, the celebrant blesses each one with the water, then offers the container of holy water to the parents and padrinos de velación, who trace the sign of the cross on each girl's forehead with their thumb or forefinger, saying:

"<u>Nombre</u>, te bendigo en el nombre del Padre y del Hijo y del Espíritu Santo. "Amén."

*The madrina de velación has the honor of blessing her goddaughter **(ahijada)** first, followed by the mother, the padrino de velación and finally the quinceañera's father.*

V   Dedicación y Consagración de las Quinceañeras

During their preparation for the ceremony, the quinceañeras might be asked to write their own dedication or "consecration" by which they express their gratitude to God, dedicate themselves anew to the Gospel and ask a blessing upon their family and their padrinos. This could be read by one quinceañera from the lectern or together by all the quinceañeras from where they are kneeling.

What follows is simply a model:

Quinceañeras: "Gracias, te doy, Padre Bueno, porque me has permitido llegar a este día en que celebro mis XVaños y me consagro nuevamente a Tí.

"Gracias por darme la oportunidad de celebrar mis XVaños aquí en la Iglesia donde fuí bautizada y así poder renovar mi compromiso bautismal.

"Señor, te doy gracias por mis padres, mis padrinos, mis damas y chambelanes y todas las personas que me acompañan en este día tan especial en mi vida. Les pido sus oraciones para que yo viva como buena Cristiana y sepa escuchar los consejos de mis padres y familiares.

Que me ayuden a seguir a la Virgen María como modelo, y me pongo bajo el amparo de la Santa Madre de Dios (*or* la Santa Virgen de Guadalupe *or* la Santa Virgen de Zapopan, *etc*.) para que me cubra con su manto de misericordia. Amén."

VI   Presentación de los Símbolos de la Vida Cristiana

*At this point in the ceremony, the quinceañeras receive the various gifts which symbolize the life of the faithful Christian and the love of their families. In an indivudual celebration, there might be six or seven gifts to be blessed. In a communal celebration where the number of quinceañeras makes it impossible to bless so many gifts, it is appropriate to have the quinceañeras wear their crowns through the ceremony and receive only the **libro** (or **Biblia**) **y rosario** and the **medalla**. These still need to be blessed and presented if at all possible – individually.*

Standing at each kneeler, and moving from one girl to the next, you say:

Celebrant: **Dios, todopoderoso, derrama tu bendición sobre este Libro y Rosario, y** <u>nombre</u> **que los recibe, para que por el estudio asiduo de tu Santa Palabra y el rezo continuo, ella pueda guardar la Santidad de su Bautismo que hoy ha renovado.**

Then for the medal, return to the first kneeler and begin the process again:

Bendito seas, Señor, fuente y orígen de toda bendición, que te complaces en la piedad de tus fieles; te pedimos que atiendas a los deseos de tu fiel quinceañera y le concedas que, llevando consigo esta medalla de _____ *(la Virgen de Guadalupe or la Virgen Milagrosa or la Virgen de San Juan de los Lagos, etc.)*, **se esfuerze por irse transformando en la imagen de la humilde Madre de Dios.**

VII   Liturgia de la Eucaristía

The most important padrinos at the Quinceaños Mass are the padrinos de velación. The word "velación" refers to their role as "sponsors for the Church" (from the word "vela" or *"candle."*) *It would be best to have each one of the padrinos present one of the offertory gifts; but if that is not possible because of the large number of girls celebrating their XVaños, then a representative number may be selected beforehand to bring the gifts to the altar and present them to the celebrant.*

Oración Sobre Las Ofrendas

Celebrant:	**Recibe, Señor, el sacrificio que te ofrecemos por estas hijas tuyas que celebran hoy sus quinceaños. Y ya que eres el autor del bautismo, sé también protector de ellas que han renovado sus votos bautismales en nuestra presencia. Por Cristo, nuestro Señor.**
People:	Amén.

Prefacio y Santo

There are no proper prefaces for the celebration of the Quinceaños Mass. One proper for the season should be used.

Plegaria Eucarística

*In general the Spanish Sacramentary, the **Misal Romano**, offers more proper inserts in the Eucharistic Prayer than the English Sacramentary offers. Unfortunately, there are no such inserts for the Quinceaños Mass.*

Padre Nuestro

Before beginning the Lord's Prayer, the padrinos de velación should be invited to come up and stand beside their goddaughters. The deacon of the Mass (or the server) hands each padrino a lit candle which he holds from the beginning of the Lord's Prayer until after Holy Communion has been distributed.

La Santa Comunión y Presentación de Ramos

The quinceañeras should be the first to receive Holy Communion, followed by their padrinos de velación, and the girls' parents. Then the celebrant communicates the rest of the congregation. During the distribution of Communion, the padrinos stand beside their goddaughter, returning to their pew after the priest has returned to the altar.

Following the purification of the chalice and paten, the celebrant returns to his chair and offers the Post-Communion Prayer:

Celebrant:	**Oremos:** **Por este sacrificio de salvación, protege, Señor, con tu santa providencia, a estas quinceañeras, y unifica en un mismo corazón a sus padres y**

	padrinos, para que puedan permanecer siempre fieles a Tí y dar testimonio de tu amor ante los hombres.
	Esto, te lo pedimos por nuestro Señor, Jesucristo, que vive y reina por los siglos de los siglos.
People:	Amén.

*After the Communion Rite has been concluded, the celebrant should invite the damas de honor to offer a bouquet of flowers (the **ramo natural**) to the quinceañeras. Actually there will be two ramos used at Mass. The first is the **ramo natural**, made of fresh flowers. In English this would be called the "presentation bouquet" because it is the bouquet which is presented to the Virgin Mary. After receiving her ramo, each quinceañera goes to the shrine of Our Lady, accompanied by her dama de honor. Both kneel after the quinceañera presents the bouquet.*

*On returning to her kneeler, the quinceañera receives a second bouquet, the **ramo permanente**, which is often a large bouquet made of beaded and sequined artificial flowers. Each girl may have a **madrina del ramo permanente** who should present this bouquet, and if there is, the bouquet should be blessed as the other gifts presented to the quinceañera were blessed. If there is no separate madrina del ramo permanente, the madrina de velación can present the second ramo. During this, the **chambelanes** should come forward and take their place to the right of each quinceañera.*

VIII   La Despedida

Celebrant:	**El Señor esté con vosotros.**
People:	Y con tu espíritu.
Celebrant:	**Que Dios todopoderoso les bendiga, (+) el el Padre y el Hijo y el Espíritu Santo.**
People:	Amén.
Deacon *(or Celebrant)*:	**Vámonos en paz, la Misa ha terminado.**
People:	Demos gracias a Dios.

The quinceañeras offer their left arm to their escorts, (the chambelán) who then escort the quinceañeras back down the main aisle. The order of this procession is quinceañera and chambelán, followed by the dama de honor (and her chambelán, if there is one), the padrinos de velación and the parents. Repeat this order for each family.

BLESS ME, FATHER, FOR I HAVE SINNED

English-speaking penitents have traditionally entered the confessional and taken charge by saying: *"Bless me, Father, for I have sinned."* Hispanic penitents do the opposite. They will wait for you to begin with the sign of the cross.

> **IN THE CONFESSIONAL THE PRIEST TAKES THE INITIATIVE**

Say: *Por la señal + de la Santa Cruz, de nuestros enemigos +, líbranos, Señor + Dios nuestro, en el nombre del + Padre y del Hijo y del Espíritu Santo.* The penitent concludes with: *Amén.*

Then say: *¡Ave María, purísima!* To which the penitent responds: *¡Concebida sin pecado original!* or *¡Gracias a Dios concebida!*

It's not unusual today to have penitents who don't remember these prayers in their entirety; but they will still wait for you to initiate the sacramental dialogue. In order to determine how long it's been since their last confession, ask: *¿Hace cuánto tiempo que no te confiesas?* to which the penitent might reply vaguely: *Pués, mucho.* Offer definite suggestions: *¿Un año? ¿dos años?*

After determining how long it's been, ask the penitent: *¿Con qué pecados has ofendido a Dios?* And at this point you'll discover how varied are the euphemisms with which we reveal our sins! Some of the more common expressions are *estar con alguien* and *meterse con alguien* to express casual sexual behavior. *Andaba con una mujer* or *con un hombre* express a continued relationship. Phrases like *tomaba* or *usaba drogas* are self-explanatory, although they still need elaboration. You will also likely hear *hacía cosas que no se debe hacer* and this will certainly have to be clarified.

Don't be surprised that the greatest number of sins you absolve in the confessional will likely involve family life. Even adults will confess to *no obedecía a mis padres* or *peleaba con mis hermanos*. (Another way of saying that someone has been disobedient or disrespectful is to say *No hacía caso a mis padres* or ... *a mi marido, esposa, suegra, etc.*)

If you need to help the penitent with a quick examination of conscience, ask simply: *¿Cómo te portaste en tu trabajo? ...con tu familia?* and ... *con tu Dios?* You may have to work out the answers by asking questions like: *¿Criticabas mucho a tu jefe? ¿Tratas de dar buen ejemplo?* or *¿Respetas a tu marido?*

Christmas and Advent

A cada guajolote, se le llega su Noche Buena.

Ministry among Hispanic Catholics is less about fluency in Spanish than it is about developing an awareness that Catholicism is always inculturated in a particular people, place and time. Nothing reveals this inculturation more than decorating the church for the holidays. The discipline, balance of colors and symmetry we desire are not equally valued among Hispanics to whom that simplicity will appear sterile and lifeless.

In many Hispanic communities, Advent is the forgotten liturgical season. It struggles to make the briefest of appearances following the great Marian feasts *(Our Lady's Immaculate Conception* and *Nuestra Señora de Guadalupe)* but still manages to get eclipsed by various popular traditions which anticipate the Feast of Christmas, like the blessing of the figure of the Christ Child on the 3rd Sunday of Advent.

Encouraging your congregation to celebrate *Las Posadas* is an effective way of guarding the sense of the season. A second way is to sing true Advent hymns at Mass rather than the more popular *villancicos* or Christmas carols. This effort will involve the commitment of celebrants and musicians alike.

Midnight Mass *(Misa de Gallo)* is *the* Christmas Mass, and late morning or early afternoon Masses which are normally filled to capacity will be nearly empty on December 25th as families gather to celebrate the holiday at home. Some parishes have had success with bilingual Midnight Masses and other communities with bilingual or Spanish vigil Masses, although this conflicts with the traditional last night of the *Posada*.

The Christmas season extends a full forty days, ending only on February 2nd with the ceremony of the *Levantada del Niño*. Until then, it is the custom to have the family gather each night to pray the rosary kneeling before the crib.

LAS POSADAS

Christmas Novena

Immediately after the nine-day novena to Our Lady of Guadalupe *(December 3rd through 11th)* Hispanic Catholics begin another nine day novena in preparation for the feast of Christmas *(December 16th through 24th).*

This novena may be celebrated either in church or in individual homes and is commonly called **Las Posadas**, although the celebration of the Posadas is only one part of the Novena, which — *like many popular Hispanic devotions* — is actually built around the Rosary with various meditations and reflections, to which is added a simple re-enactment of the Holy Family's search for lodging (or *"posada")* in Bethlehem.

In warmer climates, this search takes the form of an outdoor procession, with children dressed as Our Lady and St. Joseph (called in Spanish the **"Santos Peregrinos"**). Sometimes the *peregrinos* are two small statues carried by children in the procession.

Where the weather is usually inclement, the procession will stay indoors, moving, for example, from classroom to classroom in a CCD building.

There are traditional songs for the Posada which are very easily learned. The **Posada** ends with the breaking of the **piñata**, *(a clay pot or cardboard box, filled with candies and fruits and covered in multi-colored crepe-paper).* While many English speakers are familiar with the piñata, most are unaware that the

"Posada te pide, amado casero, por solo una noche, La Reina del Cielo"

"Pues si es una Reina, quien la solicita, ¿Como es que de noche anda tan solita?"

- **PIÑATA** represents the devil and our life of sin, which we need to destroy, using the ...
- **PALO,** or stick, which represents the power of God united to our own human effort. The
- **BLINDFOLD** and the disorientating spins symbolize the difficulties involved in leaving sin behind.

And finally, the
CANDIES symbolize the rewards we will receive in heaven when — at last — we conquer sin.

RITO PARA
LA BENDICIÓN
DE LA CORONA DE ADVIENTO

The Blessing of the Advent Wreath on the First Sunday of Advent

The Advent wreath is not generally known in Latin America, but if your parish has one prominently displayed in the sanctuary, you will want to introduce the custom among your Spanish-speaking parishioners. There is a blessing in the **Bendicional** for the first Sunday of Advent or you may use these prayers for the lighting each of the four Sundays.

After the opening hymn, the celebrant greets the congregation:

1st SUNDAY OF ADVENT

Celebrant: En el nombre del Padre y del Hijo y del Espíritu Santo.
People: Amén.

Celebrant: Nuestro auxilio está en el nombre del Señor.
People: Que hizo el cielo y la tierra.

Celebrant: Oremos:
Incita tu poder, Señor, y ven, te lo suplicamos. Bendice (+) esta corona de Adviento, para que nosotros – que mantenemos vigilia durante estas cuatro semanas en espera de tu Unigénito Hijo – podamos ser rescatados del pecado, librados de la oscuridad que no tiene fin, y preservados para la vida eterna. Te lo pedimos por el mismo Jesucristo, tu Hijo, que vive y reina contigo en la unidad del Espíritu Santo, un sólo Dios por los siglos de los siglos.
People: Amén.

Together: Jesús, nuestro Señor, * esta semana danos la fortaleza * que tanto necesitamos * para crecer en tu amor.
Así como la luz de esta llama de Adviento * ilumina

nuestra Iglesia * del mismo modo, Señor, * ilumina nuestros corazones con tu luz * para que podamos ver claramente el trabajo * que nos pides hacer * en tu santo nombre. * Consérvanos siempre fieles al Evangelio * de tu Hijo, * nuestro Señor Jesucristo, * que vive y reina por los siglos de los siglos. * Amén.

The celebrant then lights the first purple candle on the wreath. As he goes to reverence the altar, the choir and congregation may sing an additional verse of the opening hymn. The Mass continues as normal.

2nd SUNDAY OF ADVENT

Celebrant: En el nombre del Padre y del Hijo y del Espíritu Santo.
People: Amén.

Celebrant: Nuestro auxilio está en el nombre del Señor.
People: Que hizo el cielo y la tierra.

Celebrant: Oremos:
Oh Señor, nuestro Dios y Padre providente, anima nuestros corazones y enciende en ellos el fuego de tu amor, para que podamos así escuchar la predicación de Juan Bautista, cuyo nacimiento fue predicho por el Ángel y a quien tú enviaste a preparar el camino de Cristo.

Que podamos escuchar a este profeta y prepararnos con pureza y honestidad para la venida del mismo Cristo, nuestro Señor, que vive y reina por los siglos de los siglos.
People: Amén.

Together: Señor Jesucristo, San Juan Bautista fué tu heraldo y te dió a conocer cuando al fin veniste.

Danos tu gracia, Señor, y líbranos de las ataduras del pecado para que podamos darte a conocer cuando vengas al final de los tiempos. Tú que vives y reinas por los siglos de los siglos. Amén.

The celebrant then lights the first two purple candles on the wreath. As he goes to reverence the altar, the choir and congregation may sing an additional verse of the opening hymn. The Mass continues as normal.

3rd SUNDAY OF ADVENT

Celebrant: **En el nombre del Padre y del Hijo y del Espíritu Santo.**
People: Amén.

Celebrant: **Nuestro auxilio está en el nombre del Señor.**
People: Que hizo el cielo y la tierra.

Celebrant: **Oremos:**
Oh Padre de misericordia, tu amor sin límites alcanza hasta los confines de la tierra. Escucha ahora las oraciones de tus fieles.

Ilumina la oscuridad de nuestras mentes por el don de tu gracia, para que así podamos disfrutar para siempre del conocimiento de la salvación que nos fué ganada por Jesuscristo, tu Hijo, nuestro Señor, que vive y reina por los siglos de los siglos.
People: Amén.

Together: **Sostennos, Padre, concédenos paciencia y perseverancia mientras que el fruto de nuestra fé madure dentro de nosotros. Concédenos también que podamos recibir el Evangelio de Cristo con gozo en la Fiesta de la Navidad Tú que vives y reinas por los siglos de los siglos. Amén.**

The celebrant then lights the first two purple candles and the rose colored candle on the wreath. As he goes to reverence the altar, the choir and congregation may sing an additional verse of the opening hymn. The Mass continues as normal.

4th SUNDAY OF ADVENT

Celebrant: **En el nombre del Padre y del Hijo y del Espíritu Santo.**
People: Amén.

Celebrant:	Nuestro auxilio está en el nombre del Señor.
People:	Que hizo el cielo y la tierra.
Celebrant:	**Oremos:** Señor, date prisa ¡y sálvanos! Que tu santa luz brille en nuestros corazones para que nosotros – que esperamos ya la cercana fiesta de la Navidad – podamos ser librados de todo pecado y preservados de la muerte eterna. Esto te lo pedimos por Jesucristo, tu Hijo, que vive y reina contigo, en la unidad del Espíritu Santo, un sólo Dios por los siglos de los siglos.
People:	Amén.
Together:	**Oh Padre Divino, * fuente de toda luz, * protéjenos de toda ansiedad en estos últimos días del Adviento.** **Presérvanos de las interminables preocupaciones * para que la venida de la luz de Cristo * pueda prepararnos para la visión * de la gloria celestial, * donde Cristo vive y reina * por los siglos de los siglos.** **Amén.**

The celebrant then lights all the candles on the wreath. As he goes to reverence the altar, the choir and congregation may sing an additional verse of the opening hymn. The Mass continues as normal.

Villancicos (sometimes 'Villancejos' or 'Villancetes')

The most common type of traditional Spanish Christmas carol is called a 'villancico.' These are marked by strong, sometimes syncopated, rhythms and complicated rhymes. The most popular villancicos include "Divino Mesías, Venid," "Pastorcitos del Monte, Venid," "Tutaina Tuturuna," "Dime, Niño," "Sagalillos del Valle," and "A la Nanita Nana."

RITO PARA
LA BENDICIÓN DE UNA IMAGEN DEL NIÑO DIVINO

The Blessing of the Image of the Child Jesus on the Third Sunday of Advent

On the Third Sunday of Advent those families who wish to have their images of the Child Jesus blessed before they place them in the family manger scene may bring them to church. Either before the Profession of Faith or immediately after the final blessing, the priest invites them to come into the sanctuary using these or similar words:

Celebrant: Durante estos días, contemplaremos asiduamente en nuestros hogares estas imágenes del Niño Divino, y meditaremos el gran amor del Hijo de Dios, que ha querido habitar con nosotros, compartiendo toda nuestra condición humana, menos el pecado.

Pidámosle, pués, a Dios, que estas imágenes del Niño Divino, colocadas en nuestros hogares reaviven en nosotros la fe Cristiana y nos ayude a celebrar más intensamente las próximas fiestas de la Navidad.

Que se acerquen al altar todos los fieles que piden la santa Bendición.

When the faithful have arranged themselves in front of the altar, the priest begins:

Celebrant: Por la Señal de la Santa Cruz (+), de nuestros enemigos (+), líbranos, Señor Dios Nuestro (+), en el Nombre del Padre (+) y del Hijo y del Espíritu Santo.
People: Amén.

Celebrant: Alabemos y demos gracias al Señor, que tanto amó al mundo que le entregó a su único Hijo.
People: ¡Bendito seas por siempre, Señor!

Celebrant: Oh Cristo, tú eres la Palabra Eterna, dicha por el Padre antes de la creación del mundo. Tanto amaste al mundo que dejaste la gloria celestial para ser hombre en el Misterio de la Encarnación. Haciéndote obediente a la Virgen María y a su castísimo esposo, el Señor San José, tú nos enseñas a respetar y hacerles caso a quienes ejercen autoridad sobre nuestras vidas.

Afianza a estas familias en el amor y concordia y admite en tu reino a nuestros familiares difuntos, que en otros años celebraron las fiestas de Navidad con nosotros.

Te lo pedimos, Tú que vives y reinas por los siglos de los siglos.

People: Amén.

The server brings holy water to the celebrant who uses it to bless each of the images of the Christ Child, saying once:

Celebrant: Dios Padre Todopoderoso, dígnate bendecir (+) estas imágenes de tu único Hijo, y a las familias que las presentan, para que su devoción al Niño Divino les ayuden a profundizar en la fe.

Te lo pedimos, por Jesús, tu Hijo amado, tú que vives y reinas en la unidad del Espíritu Santo, un solo Dios, por los siglos de los siglos.

People: Amén.

Celebrant: Que Cristo, el Señor que ha nacido en la tierra y ha querido convivir con nosotros, los hombres, nos bendiga y nos guarde en su amor.

People: Amén.

RITO PARA
PEDIR LAS POSADAS

The Christmas Novena - December 16th – 24th

The organization of Las Posadas depends — more than anything else — on the type of weather you can expect in late December. The traditional celebration always includes an outdoor procession from the church to an individual family's home, repeating this procession to a different house each of the nine days. When this is not feasible, you can organize the Posadas just as successfully in the parish hall, using CCD classrooms. If these aren't available you can simply process to different parts of the hall.

One indispensable part of the celebration is the presence of the Santos Peregrinos, that is, Our Lady and Saint Joseph. They may be personified by two people, children (generally) or adults (occasionally), dressed for the role; or they may be represented by two statues which can be easily carried in the procession.

You will also need to prepare in advance the piñata, a blindfold, candles to be carried by all the participants, and booklets to help with the music and songs.

The priest begins:
Celebrant: Por la señal de la Santa Cruz, de nuestros enemigos, líbranos, Señor Dios Nuestro; en el nombre del Padre, y del Hijo y del Espíritu Santo.
Parents: Amén.

This or any other popular Advent hymn may be sung.
All: ¡Oh Ven! ¡Oh ven, Emanuel! Libra el cautivo Israel
Que sufre desterrado aquí, Y espera al Hijo de David.
   ¡Alégrate! Oh Israel,
   Vendrá, ya viene, Emanuel.

¡Oh Ven, Tú, vara de Isaí, Redime al pueblo infeliz
Del poderío infernal, y danos vida celestial.
   ¡Alégrate! Oh Israel,
   Vendrá, ya viene, Emanuel.

After the hymn a reading is taken from the Gospels. There is one reading for each day of the nine day novena.

First Day – *December 16: Luke 1: 26-29*
A los seis meses, Dios mandó al ángel Gabriel a un pueblo de Galilea, llamado Nazaret, donde vivía una joven llamada María; era virgen, pero estaba comprometida para casarse con un hombre llamado José, descendiente del rey David. El ángel le dijo
– ¡Salve, llena de gracia! El Señor está contigo.
María se sorprendió de estas palabras, y se preguntaba qué significaría aquel saludo.

Second Day – *December 17: Luke 1: 30-33*
El ángel le dijo:
– María, no tengas miedo, pues tú gozas del favor de Dios. Ahora vas a quedar encinta: tendrás un hijo, y le pondrás por nombre Jesús. Será un gran hombre, al que llamarán Hijo del Dios altísimo, y Dios el Señor lo hará Rey, como a su antepasado David, para que reine para siempre sobre el pueblo Jacob. Su reinado no tendrá fin.

Third Day – *December 18: Luke 1: 34-37*
María preguntó al ángel:
– ¿Cómo podrá suceder esto, si no vivo con ningún hombre?
El ángel le contestó:
– El Espíritu Santo vendrá sobre tí, y el poder del Dios altísimo se posará sobre ti. Por eso, el niño que va a nacer será llamado Santo e Hijo de Dios. También tu pariente Isabel va a tener un hijo, a pesar de que es anciana; la que decían que no podía tener hijos, está encinta desde hace seis meses. Para Dios no hay nada imposible.

Fourth Day – *December 19: Luke 1:38*
Entonces María dijo:
– Yo soy la esclava del Señor; que Dios haga conmigo como me has dicho.

Fifth Day – *December 20: Matthew 1: 18-20*
El origen de Jesucristo fue este: María, su madre, estaba comprometida para casarse con José; pero antes que vivieran juntos, se encontró encinta por el poder del Espíritu Santo. José, su marido, que era un hombre justo y no quería denunciar publicamente a María, decidió separarse de ella en secreto. Ya había pensado hacerlo así cuando un ángel del Señor se le apareció en sueños.

Sixth Day – *December 21: Matthew 1: 20b-21*
(El ángel) le dijo: "José, descendiente de David, no tengas miedo de tomar a María por esposa, porque su hijo lo ha concebido por el poder del Espíritu Santo. María tendrá un hijo y le pondrás por nombre Jesús. Se llamará así porque salvará a su pueblo de sus pecados."

Seventh Day – *December 22: Matthew 1: 22-25*
Todo esto sucedió para que se cumpliera lo que el Señor había dicho por medio del profeta:
"La virgen quedará encinta y tendrá un hijo,
al que pondrán por nombre Emanuel"
(que significa: "Dios con nosotros").
Cuando José despertó del sueño, hizo lo que el ángel del Señor le había mandado y tomó a María por esposa. Y sin haber tenido relaciones conyugales, ella dio a luz a su hijo, al que José puso por nombre Jesús.

Eighth Day – *December 23: Luke 2: 1, 3-5*
Por aquel tiempo, el emperador Augusto ordenó que se hiciera un censo de todo el mundo. Todos tenían que ir a inscribirse a su propio pueblo. Por esto, José salió del pueblo de Nazaret, de la región de Galilea, y se fue a Belén, en Judea, donde había nacido el rey David, porque José era descendiente de David. Fue allá a inscribirse, junto con María que se encontraba encinta.

Ninth Day – *Christmas Eve: Luke 2: 6-7*
Y sucedió que mientras estaban en Belén, le llegó a María el tiempo de dar a luz. Y allí nació su hijo primogénito, y lo envolvió en pañales y lo acostó en el establo, porque no había alojamiento para ellos en el mesón.

Next comes the praying of the rosary (see page 117). The joyful mysteries are traditionally maintained during the entire novena. It is also customary to sing one verse of an Advent hymn (this or another of your choosing) after each decade.

> Ábrense los cielos, lluevan al Mesías,
> que es nuestro consuelo, nuestro Redentor.
> Claman los callados: "Ven ya, Salvador";
> los sedientos prados: "Llega, Redentor."
> Y el erial sin río pide la el rocío.

Ábrense los cielos, llueven al Mesías
que es nuestro consuelo, nuestro Redentor.

!Oh sol del Oriente, claro más que el día;
la noche sombría ceda al resplandor!
Huellas las tinieblas de muerte y horror,
a fundir las nieblas venga tu fulgor;
que el desierto es largo y el destierro amargo.
!Oh sol del Oriente, claro más que el día;
la noche sombría ceda al resplandor!

During the procession (to an individual's house or from the church to the hall) everyone should carry a lit candle and the first part of the Litany of Our Lady is recited or sung:

Leader:		All:	
Señor, ten piedad.			*Señor, ten piedad.*
Cristo, ten piedad.			*Cristo, ten piedad.*
Señor, ten piedad.			*Señor, ten piedad.*
Dios Padre celestial			*Ten piedad de nosotros.*
Dios Hijo, Redentor del mundo			*Ten piedad de nosotros.*
Dios Espíritu Santo			*Ten piedad de nosotros.*
Santa Trinidad, un solo Dios			*Ten piedad de nosotros.*
Santa María:			*Ruega por nosotros.*
Santa Madre de Dios:			*Ruega por nosotros.*
Santa Virgen de vírgenes:			*Ruega por nosotros.*
Madre de Cristo:			*Ruega por nosotros.*
Madre de la Divina Gracia:			*Ruega por nosotros.*
Madre purísima:			*Ruega por nosotros.*
Madre castísima:			*Ruega por nosotros.*
Madre intacta:			*Ruega por nosotros.*
Madre y Virgen:			*Ruega por nosotros.*
Madre sin mancha:			*Ruega por nosotros.*

Arriving at their destination, the Santos Peregrinos and those who are accompanying them ask for "posada," (that is, "lodging") while the people inside the house (or the first classroom) refuse them.

Santos Peregrinos
En nombre del Cielo, Os pido posada
Pues no puede andar Mi esposa amada.

Those inside respond:
Los Dueños
> Aquí no es mesón, Sigan adelante;
> Pues no puedo abrir, No sea algún tunante.

Having been refused lodging, the Santos Peregrinos begin their procession to the second house or classroom. The litany is resumed.

Leader:	All:
Madre amable:	*Ruega por nosotros.*
Madre admirable:	*Ruega por nosotros.*
Madre del buen consejo:	*Ruega por nosotros.*
Madre del Creador:	*Ruega por nosotros.*
Madre del Salvador:	*Ruega por nosotros.*
Madre de la Iglesia:	*Ruega por nosotros.*
Virgen prudentísima:	*Ruega por nosotros.*
Virgen digna de veneración:	*Ruega por nosotros.*
Virgen digna de alabanza:	*Ruega por nosotros.*
Virgen poderosa:	*Ruega por nosotros.*
Virgen clemente:	*Ruega por nosotros.*
Virgen fiel:	*Ruega por nosotros.*
Espejo de la justicia:	*Ruega por nosotros.*
Trono de la sabiduría:	*Ruega por nosotros.*
Causa de nuestra alegría:	*Ruega por nosotros.*
Vaso espiritual:	*Ruega por nosotros.*
Vaso honorable:	*Ruega por nosotros.*
Vaso de insigne devoción:	*Ruega por nosotros.*

Knocking then at a second room in the house, or at a second classroom in the school or hall, the dialogue picks up again:

Santos Peregrinos
> Venimos rendidos Desde Nazaret
> Yo soy carpintero, De nombre José.

Those inside respond:
Los Dueños
> No me importa el nombre, Déjenme dormir,
> Pues que yo les digo, Que no hemos de abrir.

Having been refused a second time, the Santos Peregrinos begin their journey to the third location. The litany is resumed.

Leader: Rosa mística: All: *Ruega por nosotros.*
    Torre de David: *Ruega por nosotros.*
    Torre de marfíl: *Ruega por nosotros.*
    Casa de oro: *Ruega por nosotros.*
    Arca de la Alianza: *Ruega por nosotros.*
    Puerta del Cielo: *Ruega por nosotros.*
    Estrella de la mañana: *Ruega por nosotros.*
    Salud de los enfermos: *Ruega por nosotros.*
    Refugio de los pecadores: *Ruega por nosotros.*
    Consoladora de los afligidos: *Ruega por nosotros.*

Knocking a third time, the dialogue picks up again:

Santos Peregrinos
    Posada te pide, Amado casero
    Por sólo una noche, La reina del Cielo.

Those inside respond with even greater cruelty:

Los Dueños
    Pues, si es una reina, Quien la solicita
    ¿Cómo es que de noche Anda tan solita?

Once again the Santos Peregrinos begin their sad procession. The litany is concluded.

Leader: Auxilio de los Cristianos: All: *Ruega por nosotros.*
    Reina de los Angeles: *Ruega por nosotros.*
    Reina de los Patriarcas: *Ruega por nosotros.*
    Reina de los Profetas: *Ruega por nosotros.*
    Reina de los Apóstoles: *Ruega por nosotros.*
    Reina de los Mártires: *Ruega por nosotros.*
    Reina de los Confesores: *Ruega por nosotros.*
    Reina de las Virgenes: *Ruega por nosotros.*
    Reina de todos los Santos: *Ruega por nosotros.*
    Reina concebida sin pecado: *Ruega por nosotros.*
    Reina asumida al Cielo: *Ruega por nosotros.*
    Reina del santísimo rosario: *Ruega por nosotros.*
    Reina de la paz: *Ruega por nosotros.*

    Cordero de Dios, que quitas el pecado del mundo,
                             perdónanos, Señor.
    Cordero de Dios, que quitas el pecado del mundo,
                             escúchanos, Señor.

Cordero de Dios, que quitas el pecado del mundo,
ten piedad de nosotros.

Leader: Ruega por nosotros, Oh Santa Madre de Dios:
All: *¡Para que seamos dignos de alcanzar las promesas de Cristo!*

Finally, after a fourth attempt at knocking, the Holy Family finds a welcome:

Santos Peregrinos
Mi esposa es María, es Reina del Cielo
Y madre va a ser, ¡Del Divino Verbo!

Those inside respond:
Los Dueños
¿Eres tú José? ¿Tu esposa es María?
Entren peregrinos, no los conocía.

Santos Peregrinos
Dios pague, Señores, Vuestra caridad,
Y asi os colme el cielo de felicidad.

Those inside respond:
Los Dueños
¡Dichosa la casa que abriga este día
a la Virgen pura ¡la hermosa María!

This joyous hymn is then sung by all:

Entren Santos Peregrinos, peregrinos
reciban este rincón
que aunque es pobre mi morada, mi morada
os la doy de corazón.

Cantemos con alegría, alegría
todos al considerar
Que Jesús, José, María, y María
nos vinieron hoy a honrar.

Humildes peregrinos,
Jesús, María y José,
mi alma os doy y con ella,
mi corazón también.

Then follows the party with the piñata, the food and drink.

RITO PARA
LA BENDICIÓN DE LOS CALENDARIOS
PARA EL AÑO NUEVO

A New Year's Blessing of Calendars

If the parish has the custom of blessing and distributing calendars for the new year, these may be blessed on the Feast of the Holy Family, or, if more conveniently, on the Feast of the Maternity of Our Lady, January 1. After the homily (if the blessing is to take place before the Profession of Faith) or after the Post Communion Prayer (if the blessing is to be done before the dismissal) the celebrant and the deacon, together with the other ministers, go to the area where the calendars and the holy water have been prepared. The celebrant begins:

Celebrant: **En el nombre del Padre y del Hijo y del Espíritu Santo.**
People: Amén.

Celebrant : **Nuestra ayuda está en el nombre del Señor.**
People: **Que hizo el cielo y la tierra.**

Celebrant: **Bendigamos al Señor de los Días.**
People: Porque a Él pertenecen los días y las estaciones de nuestras vidas.

Celebrant: **Oremos:**
Dios Eterno y Todopoderoso, nos has cimentado en un mundo de espacio y tiempo; y a través de los acontecimientos de nuestras vidas nos bendices con tu amor.

Concédenos, en este Año Nuevo de 20__, reconocer tu presencia, ver el fruto de tu amor en nuestras vidas y vivir siempre en la luz de la Resurrección de tu único Hijo, nuestro Señor Jesucristo, que vive y reina contigo en la unidad del Espíritu Santo, un solo Dios, por los siglos de los siglos.
People: Amén.

Deacon *or Celebrant:* Pidamos a Dios Padre Todopoderoso que bendiga estos calendarios, con las listas ordenadas de sus días, semanas y meses, para que guardando cada día santo, lleguemos a conocer más y más la misericordia de Dios.

Celebrant: Todopoderoso y Eterno Padre, Tú estás más allá del tiempo y vives en un resplandor inalcanzable.

Aún así, enviaste a tu Hijo Primogénito a vivir entre nosotros y Él que ha existido antes de toda la eternidad fué hecho Hombre a su tiempo, nacido de la Virgen María, estuvo sujeto a las leyes de este mundo.

Bendice (+) ahora estos calendarios, los cuales serán usados con fe para marcar el progreso del año. Concédenos que cada día nos acerquemos más a Tí a través del compartir en el misterio pascual de Cristo, tu Hijo, nuestro Señor, que vive y reina ahora y por los siglos de los siglos.

People: Amén.

Celebrant *or Deacon*: **Concédenos, Oh Señor, el regalo del Año Nuevo como un año de amor.**

People: Amén.

After the calendars are blessed, they can be handed out, individually, with the traditional New Year's greeting:

Celebrant: ¡Felíz Año Nuevo!

Devotions to the Child Jesus

The Child of Atocha

ALABANZA AL SANTO NIÑO DE ATOCHA

"Niñito de Atocha"
Hijo de María
Reluciente antorcha
Nuestro amparo y guia.

Venid compatriotas
Venid forasteros
Y al Niño de Atocha
Gracias tributemos.

Al que triste hayas
Con tribulaciones,
Si tu auxilio aclama
Pronto le socorres.

Médico divino
Tierno relicario
Sólo a verte Niño
Van a tu Santuario.

Cuántos impedidos
Entran de rodillas;
Son fieles testigos
De tus maravillas.

The popular image of the Holy Child of Atocha (*El Santo Niño de Atocha*) originated in the village of Atocha, Spain, at the time of the Moorish invasions there.

A pious legend recalls that all the men of the village had been imprisoned by the Moors who allowed no one to visit them, not even to bring them food or water. Knowing how close the prisoners were to death, their Christian families prayed every day for a miracle.

One day a child, dressed as a pilgrim to Santiago Campostela, appeared in the village and asked to be taken to see the prisoners.

The Child carried a staff and a basket with a small gourd of water. Visiting every prisoner, the Child fed them with bread from the basket and water from the gourd. No matter how many prisoners were fed, both the basket and the gourd remained full until the last prisoner ate, at which time they were seen to be empty. The visits continued for over a year until the prisoners were liberated.

Venerated as the Child Jesus, the *Niño de Atocha* is among the most popular Hispanic devotional figures. The Child is shown wearing a brimmed hat crowned with an ostrich plume over a pilgrim's cape with a silver shell. In His left hand He carries a staff, a gourd and sometimes a pair of shackles or a few spears of wheat. In His right hand He holds a basket holding flowers or bread.

Patron of those unjustly imprisoned, the *Child of Atocha* is also invoked by travelers and those far from home.

RITO PARA
LA CELEBRACIÓN DE LA LEVANTADA DEL NIÑO JESUS

The Ceremony of the "Putting Away of the Christ Child" on the Feast of the Presentation, February 2nd

*On the Feast of the Presentation of Our Lord **(La Candelaria)**, the images of the Child Jesus are solemnly put away to close the Christmas season. This ceremony may be celebrated on the feast itself or on the Sunday before the feast during the regular Mass, either after the homily or before the dismissal.*

The celebrant begins:

Celebrant: En el Nombre del Padre y del Hijo y del Espíritu Santo.
People: Amén.

Celebrant: El Señor esté con vosotros.
People: Y con tu espíritu.

Celebrant: Ya hace cuarenta días que celebramos con gozo el nacimiento del Niño Jesús. Con los ángeles cantamos y con los humildes pastorcillos entramos en la cueva para adorar a nuestro Dios acostado en el pesebre.

Junto con los tres magos, le presentamos regalos, dándonos cuenta de que Él nos ha regalado la Vida Eterna.

Hoy recordamos el día cuando el Niño Jesús fué presentado en el Templo de Jerusalén. La santa y siempre Virgen María, Madre de Dios, y su castísimo esposo, el Señor San José, llevaron al Niño a Jerusalén para cumplir los ritos de la ley.

Los buenos y piadosos ancianos Simeón y Ana, inspirados por el Espíritu Santo, llegaron al Templo precisamente en este momento y reconocieron que Cristo era Dios de Dios, luz de luz, y Dios verdadero de Dios verdadero.

> Oremos:
>> Dios Padre, autor de la vida y fuente de toda gracia, abre nuestro corazón a fin de que sepamos recibir a Jesús con la misma alegría que lo recibió San Simeón. Permítenos hacer siempre lo que Él nos pida; y con la santa viuda Ana, permítenos servirte día y noche con ayunos y oraciones y nunca apartarnos de tu Santa Iglesia.
>>
>> Esto, te lo pedimos por Jesucristo, tu Hijo, que vive y reina por los siglos de los siglos.

People: Amén.

*At this point, the celebrant invites the faithful who wish to celebrate the Levantada to come into the sanctuary. They will be accompanied by the godmother (**madrina**) of the ceremony who carries the image of the Child Jesus and by the godfather (**padrino**) of the ceremony who receives a lit candle from the server.*

Deacon *or Celebrant:* **El Señor esté con vosotros.**
People: Y con tu Espíritu.

Deacon *or Celebrant:* **Lectura del Santo Evangelio, según San Lucas.**
People: Gloria a Tí, Señor.

Deacon *or Celebrant:* **El padre y la madre de Jesús se quedaron admirados al oír lo que decía Simeón del niño. Entonces Simeón les dio su bendición, y dijo a María, la madre de Jesús:**
– Mira, este niño está destinado a hacer que muchos en Israel caigan o se levanten. Él será una señal que muchos rechazarán a fin de que las intenciones de muchos corazones queden al descubierto. Pero todo esto va a ser para tí como una espada que atraviese tu propria alma.

>> **Palabra de Dios.**

People: Te alabamos, Señor.

Celebrant: Oremos:
>> **Dios, Padre nuestro, Tú que amas tanto a los hombres que nos enviaste a tu único Hijo Jesús, nacido de la**

Siempre Virgen María, para salvarnos y conducirnos a tu Reino. Te pedimos que, con tu bendición, estas imágenes del Niño Divino con las que hemos celebrado las Fiestas Navideñas y que ahora queremos levantar, sean en nuestras casas señal de tu presencia y amor providencial. Te lo pedimos en el nombre de Jesús, tu amado Hijo, que vino para dar luz al mundo, Él que vive y reina por los siglos de los siglos.

People: Amén.

The celebrant then blesses the images of the Christ Child with holy water and afterwards he or the deacon invites the people to make this simple acclamation of faith.

Celebrant *or Deacon:* ¿Quién en la casa da luz?
People: ¡Es Cristo Jesús!

Celebrant *or Deacon:* ¿Y la llena de alegría?
People: ¡La Virgen María!

Celebrant *or Deacon:* ¿Quién nos guarda la fe?
People: ¡El Señor San José!

After this the godparents return to their pews and the Profession of Faith (or if the blessing took place after Communion, the dismissal) follows.

Celebrant: Creo en un solo Dios ...
People: ... Padre todopoderoso, creador del cielo ... Amén.

or

Celebrant: El Señor este con vosotros.
People: Y con tu espíritu.

Celebrant: La bendición de Dios, Todopoderoso, Padre, Hijo y el Espíritu Santo descienda sobre vosotros.
People: Amén.

Deacon *or Celebrant:* Vayan en paz; la Misa ha terminado.
People: Demos gracias a Dios.

A Secret in the Stars

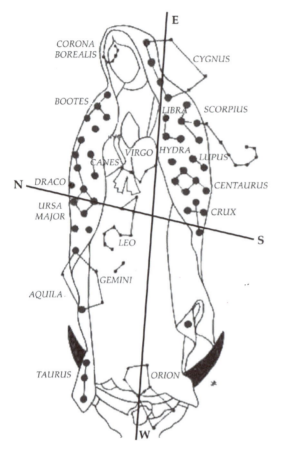

When scientists plotted the configuration of the great constellations as they would have appeared in the early morning sky of Mexico City on December 12th, 1531, and placed this configuration over the image of Our Lady of Guadalupe, they were amazed at how perfectly the constellations were aligned with the stars on her mantle.

The main constellations of the northern sky can be seen on the right side of Our Lady's mantle *(to our left)*. On her left appear the southern constellations which can be seen from Tepeyac during the winter months just before sunrise.

Since the mantle is opened, there are other groups of stars which are not indicated in the image, but would have been present in the sky. These include Virgo which would have appeared over Our Lady's chest, in the area where her hands are folded, and Leo which would have been seen in place over Our Lady's womb.

Picture author: A. Von Waberer.
Collection: Lic. Francisco Vizcaya C.
at: http://pp.terra.com.mx/~msalazar/lupe-e.html

Devotions to Our Lady of Guadalupe

When Pope John Paul II presented the Bishops of North, South and Central America the synodal document Ecclesia in America, *he did so at the Basilica of Our Lady of Guadalupe in Mexico City. He made particular reference to the unity of the Americas and noted that by coming to Tepeyac, he was returning to America's center from where our first evangelization proceeded.*

Los Mexicanos la llamaron Madre, la reconocieron Virgen y la coronaron Reina.

The intensity and resilience of Mexico's devotion to Our Lady of Guadalupe defies all explanation in a secular age. And given the controversy which has always surrounded the origin of the miraculous image plus the history of Mexico's constitutional anti-clericalism, one could legitimately wonder how Our Lady of Guadalupe could remain so completely synonymous with Mexico's identity.

The answer lies first of all in the late medieval resurgence of popular devotion to Our Lady, specifically in the veneration paid to a *particular image*, such as Our Lady of Loretto in Italy or Our Lady of the Pillar in Zaragoza, Spain. Their ancient origins and miraculous histories allowed such images to become civic and regional symbols, later becoming identified with the Kingdom itself.

Secondly, one must look for the origins of the *particular devotion* to Our Lady of Guadalupe in the apocalyptic context provided by the Franciscan visionary Blessed Amadeus of Portugal (1431-1482) and in the writings of the seventeenth century Mexican author Miguel Sánchez (1596?-1674).

In a book entitled **The New Apocalypse**, Bl. Amadeus (known also by his Latin name Iohannes

"The day on which the Virgin of Tepeyac is not adored in this land, it is certain that there shall have disappeared, not only Mexican nationality, but also the very memory of the dwellers of Mexico today... In the last extreme, in the most desperate cases, the cult of the Mexican Virgin is the only bond that unites them."

Ignacio Manuel Altamirano

from The Feast of Guadalupe

Menesius) explained that Mary revealed to him her intention to remain "bodily present" in those sacred images through which she worked her miracles. Though denounced as a heretic, Amadeus still found his supporters among the Franciscans and was championed in New Spain by the Jesuits, several of whom likened the promise of this presence of Our Lady to the sacramental presence of Christ in the Eucharist.

Miguel Sánchez moved beyond the idea that Mary could be truly present in her images and claimed in his ***Imagen de la Virgen María, Madre de Guadalupe*** (1648) that the image on the tilma was an exact likeness of Mary as John the Divine saw her and described her in the 12th chapter of the Book of Revelation. Sánchez argued that this true portrait, miraculously reproduced for Juan Diego in 1531, would be the means by which Mary would maintain and guard her quasi-sacramental presence in Mexico.

Thus devout Mexicans discovered in their devotion to Our Lady of Guadalupe that they had an image as venerable as Our Lady of the Pillar and more miraculous in its origin than the Holy House of Loretto.

Throughout the rest of the seventeenth century, Mexican preachers then developed these themes; and using types and figures originally put forth by the early Church Fathers, produced a remarkable synthesis in which Our Lady of Guadalupe stands forth as the Mexican Ark of the Covenant; Juan Diego leads his people out of their heathen slavery like a new Moses; and the tablets of the New Law are brought down from the Mexican Mount Sion (Tepeyac) in a form prepared specifically for the Native American people, not so much written in their language as engraved upon their hearts: *"Am I not here, I who am your mother? And are you not under my shadow and my protection?"*

While clerics in past generations have expounded the importance of Our Lady of Guadalupe in her principal role as evangelizer, demonstrating that the Church in Mexico owed its foundation to the direct intervention by the Mother of God, contemporary preachers find it more helpful to speak on Our Lady's role in forging a new people — a *mestizo* people — through the combination of the best elements of the Native American and the European cultures.

This insight allows for any number of possible applications, depending on the interpreter's frame of reference. Thus for Native activists, devotion to Our Lady of Guadalupe allows for a continuation of native values, social customs and tribal rituals. For feminists, Our Lady of Guadalupe gives a voice to women of color the world over, affording them personal dignity and racial respect. For recently arrived immigrants, devotion to Our Lady offers a promise of sharing in the wealth and security of this country, without any corresponding loss of national pride or ethnic identity.

But for non-Hispanics as well, the image provides a powerful reminder that once there were no national borders dividing the people of America. It was in that context that Our Lady promised to be the mother of all who dwelt in peace in this (borderless) land. That promise can be the gift of unity, promoted through the New Evangelization and realized through the sacramental life of the Church.

Para Aprender...

You can increase your "Guadalupano" vocabulary by learning these important words:

Cuautlotatzin – *Saint Juan Diego's name in Chichimecan. It translates as "the eagle who speaks."*

México – *When Mexicans use the word "México," they will generally be referring to the capital: Mexico City. When they refer to the United States of México, they will use "la República."*

Morenita – *"Little dark one," an affectionate term for Our Lady of Guadalupe, emphasizing her Native American features.*

Novena or **Novenario** – *The annual nine day novena to Our Lady of Guadalupe which begins on December 3rd.*

Nican Mopohua – *All written narrations about the apparitions of Our Lady of Guadalupe are inspired by the Nican Mopohua, written in Nahuatl, by the Aztec scholar Antonio Valeriano in the middle of the sixteenth century. Unfortunately Valeriano's original manuscript has never been found, and the oldest published copy dates only from 1649.*

Tecuatlaxope – *the Aztec name by which Our Lady identified herself. It translates as "I am she who crushes the stone serpent." The Spaniards heard this as "de Guadalupe." For another possible derivation, see page 86.*

Tepeyac – *the hill where Our Lady appeared to Juan Diego.*

Tilma – *the mantle or serape made of woven cactus fiber upon which Our Lady imprinted her image.*

La Villa – *refers to the city area surrounding the ancient Basilica of Our Lady of Guadalupe in México City.*

Zumárraga – *Fray Juan de Zumárraga — the name of the Franciscan Bishop-elect of Mexico City to whom Juan Diego was sent by Our Lady in 1531.*

NOVENA
A LA SANTÍSIMA MADRE DE GUADALUPE

Novena to Our Lady of Guadalupe

The Novena to Our Lady of Guadalupe begins on December 3rd and concludes on the 11th of the month.

*There are several popular forms the novena can take. The first form is to celebrate Mass each of the nine nights, with a long sermon (or **charla**) given after Mass. These nine charlas usually center around a single Marian or Guadalupano theme. After the sermon the novena prayers (1st Version) are recited and whenever possible confessions are heard. The second form (2nd Version) begins with the recitation of the rosary each of the nine nights and concludes with a brief Gospel meditation and the novena prayers.*

It's common – no matter which form the novena takes – for families to present flowers to Our Lady. This is one time when you might consider having all the faithful process in behind the cross bearer and acolytes. They can then present their flowers before going into their pews for the Mass or the novena service.

1st VERSION

Use these prayers after Mass and the preaching are both concluded.

Together: Por la señal de la Santa Cruz, de nuestros enemigos líbranos, Señor Dios nuestro, en el nombre del Padre y del Hijo y del Espíritu Santo. Amén.

Señor mío, Jesucristo, * Dios y hombre verdadero, * me pesa de todo corazón * de haberte ofendido * porque he merecido el infierno * y he perdido el cielo * y sobre todo * porque te ofendí a Tí, Señor, * Tú que eres tan bueno * y que tanto me amas, * y a Quien yo quiero amar sobre todas las cosas.

Propongo firmemente * con tu gracia * enmendarme * y alejarme de las ocasiones de pecar, * confesarme * y cumplir la penitencia.

Confío me perdonarás * por tu infinita misericordia. * Amén.

Celebrant: Oh Virgen Inmaculada, ¡Madre del verdadero Dios y Madre de la Iglesia! Desde tu santuario en México, tú manifiestas tu clemencia y tu compasión a todos los que solicitan tu amparo. Escucha la oración que con filial confianza te dirigimos y preséntala ante tu Hijo Jesús, el único redentor nuestro.

Hombres: Madre de misericordia, * Maestra de sacrificio escondido y silencioso * a tí * que sales al encuentro de nosotros pecadores, * te consagramos todo nuestro ser * y todo nuestro amor.

Te consagramos también, * Señora, * nuestras vidas, * nuestros trabajos, * nuestras alegrías y enfermedades * y los dolores que nos acompañan todos los días. * Todo lo que tenemos y somos * lo ponemos bajo tu cuidado, * ¡Señora y Madre nuestra!

Queremos ser totalmente tuyos * y recorrer contigo el camino * de una plena fidelidad * a Jesucristo en su Iglesia. * No nos sueltes de tus manos amorosas.

Together: *Padre nuestro ...*
Dios te salve, María ...

Celebrant: Oh Virgen de Guadalupe, Madre de las Américas, te pedimos por todos los obispos, para que conduzcan a los fieles por senderos de intensa vida Cristiana, de amor y de humilde servicio a Dios y a las almas.

Contempla esta inmensa mies e intercede para que el Señor infunda hambre de santidad en todo el Pueblo de Dios, y otorgue abundantes vocaciones de sacerdotes y religiosas, fuertes en la fe y celosos dispensadores de los misterios de salvación.

Mujeres: Concede a nuestros hogares * la gracia de amar y respetar la vida * que comienza con el mismo amor * con el que concebiste * en tu seno la vida del Hijo de Dios. *

	Protege, * Santa Madre, * a nuestras familias * que están aquí o muy lejos de nosotros * para que estén siempre muy unidas * en la paz y en el amor. * Bendice a nuestros niños * y protégelos * contra las azechanzas del Diablo.
Together:	*Padre nuestro ...* *Dios te salve, María ...*
Celebrant:	**Oh esperanza nuestra, míranos con compasión, enséñanos a ir continuamente a Jesús, y si caemos, ayúdanos a levantarnos a volver a Él, mediante la confesión de nuestras culpas y pecados en el Sacramento de la Penitencia, que trae sosiego al alma.** **Te suplicamos nos concedas un amor muy profundo a los santos sacramentos, que son como huellas que tu Hijo nos dejó en esta tierra.**
Jóvenes:	Así, * Madre Santísima de Guadalupe * con la paz de Dios en la conciencia, * con nuestros corazones libres del mal y de odio, * podremos llevar a todos * la verdadera alegría * y la paz * que vienen de tu Hijo, * nuestro Señor, Jesucristo.
Together:	*Padre nuestro ...* *Dios te salve, María ...*

At this point, you may want to invite those participating in the novena to present their problems and special intentions with confidence to Our Lady:

Celebrant:	**Aquí podemos recordar las intenciones que nuestros amigos y familiares nos han encomendado, también los enfermos, los moribundos, las madres encinta y los que luchan contra los vicios o cualquier adicción.**

Podemos mencionar estas intenciones en voz alta, o guardarlas en el profundo silencio del corazón, donde Dios solo las escuchará. *(Pause here.)*

Together: Acuérdate, * Oh piadosísima Virgen María, * que jamás se ha oído decir * que uno solo de cuantos * acudió a tu protección * – e implorando tu socorro – * ha sido desamparado de tí. * Yo pecador, * animado con tal confianza * acudo a tí, * Oh Madre, * Vírgen de Vírgenes. * A tí vengo, * delante de tí * me presento gimiendo.

No quieras, * Oh Madre del Verbo Divino, * despreciar mis súplicas; * antes bien, * inclina a ellas tus oídos, * y dígnate atenderlas favorablemente. * Amén.

If confessions are to be heard following the novena, you may want to add this prayer for those who will be asking God's merciful forgiveness:

Celebrant: Ya pasamos un momento rezando por los que van a confesarse durante la Novena, para que se preparen bien, conozcan sus pecados y se arrepientan de corazón.

Together: Te rogamos, Señor, * que inspires nuestras acciones * y las continúes con tu ayuda * a fin de que todo cuanto oremos * y hagamos * proceda siempre de Tí * y por Tí lo concluyamos. * Tú que vives y reinas, * por los siglos de los siglos. Amén.

Cuix amo nican nica nimonanitzin? Cuix amo nocehuallotitlan necaunyotitlan in tica? Cuix amo nehuatl in nimopaccayeliz? Cuix amo nocuixanco nomamalinuazco in tica? Cuix oc itla in motech monequi? "Am I not here, I who am your mother? And are you not under my shadow and my protection? Am I not the source of your joy? Aren't you in the fold of my mantle and the crossing of my arms? Have you need of anything else?"

Our Lady speaks to Juan Diego
Taken from the Nican Mopohua, the original account of the Guadalupe Event

2nd Version

Use this version if the rosary is to be prayed as part of the nine day novena.

Together: Por la señal de la Santa Cruz, de nuestros enemigos líbranos, Señor Dios nuestro, en el nombre del Padre y del Hijo y del Espíritu Santo. Amén.

    Señor mío, Jesucristo, * Dios y hombre verdadero, * me pesa de todo corazón * de haberte ofendido * porque he merecido el infierno * y he perdido el cielo * y sobre todo * porque te ofendí a Tí, Señor, * Tú que eres tan bueno * y que tanto me amas, * y a Quien yo quiero amar sobre todas las cosas.

    Propongo firmemente * con tu gracia * enmendarme * y alejarme de las ocasiones de pecar, * confesarme * y cumplir la penitencia.

    Confío me perdonarás * por tu infinita misericordia. * Amén.

*There are many popular traditional hymns to Our Lady of Guadalupe. Any one of them (perhaps **Buenos Días, Paloma Blanca**, see page 79, or **Madre, Oyeme**) can be sung here as an opening hymn. After the opening hymn, the rosary is recited. For help in learning the traditional way of praying the rosary, see page 117.*

Since the novena service opened with the act of contrition, you need not repeat that as the first part of the Rosary. Instead begin with "Abre, Señor, mis labios," then:

Celebrant: El primer misterio del santo rosario de la siempre Virgen María, Madre de Guadalupe: _____

    Los Misterios Gozosos: *(los lunes y sábados)*
    I   La Anunciación del Arcángel Gabriel a la Virgen María
    II   La Visitación de María a su prima Isabel
    III   La Natividad de Cristo Jesús en Belén de Judá
    IV   La Presentación del Niño Divino en el Templo
    V   El Niño perdido y hallado en el Templo

    Los Misterios Luminosos: *(los jueves)*
    I   Jesús es bautizado por Juan
    II   El primer milagro de Jesús en las bodas en Caná de Galilea
    III   Jesús proclama el Reino de Dios

IV	La Transfiguración del Señor	
V	Jesús instituye la Sagrada Eucaristía	

Los Misterios Dolorosos: *(los martes y viernes)*
I   La Oración de Cristo en el huerto
II   La Flagelación de Cristo en la columna
III   Cristo coronado con espinas
IV   Cristo con la cruz a cuestas
V   Cristo muere en la cruz

Los Misterios Gloriosos: *(los miércoles y domingos)*
I   La Resurrección de Cristo de entre los muertos
II   La Ascención de Cristo a los cielos
III   La venida del Espíritu Santo en Pentecostés
IV   La Asunción de la bienaventurada Virgen María
V   María es coronada Reina de los Cielos y Tierra

It is very common to add a verse or two of one of the traditional Guadalupano hymns after each decade. **Las Aparaciones Guadalupanas** *works well. After the fifth decade, the appropriate meditation for each day is prayed.*

First Day: "María es Nuestra Madre"

Leader: En el Calvario la Santísima Virgen fue proclamada Madre de todos los hombres, cuando Jesucristo le decía desde la cruz: "Mujer, ahí tienes a tu hijo."

En el Cerro del Tepeyac, la misma Virgen se declaró a si misma nuestra Madre cuando decía a Juan Diego: "Hijo mío muy querido, Juan, a quien amo como a un pequeñito y delicado … es mi deseo que se edifique un templo en este sitio, donde como Madre piadosa tuya, mostraré mi clemencia amorosa …

En el monte Calvario, el Centurión decía compungido: "Verdaderamente, Éste era el Hijo de Dios." En el Tepeyac, al aparecerse la Santísima Virgen llena de gracia y majestad, de tenura y de bondad, todos dicen conmovidos "¡Verdaderamente ésta es nuestra Madre! "

All: **Virgen Santísima de Guadalupe, Madre nuestra amantísima, ¡Ruega por nosotros, tus hijos!**

Second Day: **"María es modelo de oración"**

Leader: Toda madre queda constituída en modelo de sus hijos. La primera lección que hemos de aprender de nuestra Madre de Guadalupe es la oración.

La Santa imágen que ella misma nos regaló, tiene las manos juntas en actitud reverente, como presentando a Dios nuestras súplicas.

Para obtener de Dios las gracias que tanto necesitamos, debemos orar, pués la oración es el medio ordinario que el Padre Celestial ha puesto en nuestras manos para conseguir cuanto nos sea necesario.

Usemos la oración para pedir a nuestra Madre el remedio de nuestras aflicciones. Pidámosle gozar de la bondad y la paz de Cristo. Roguemos para que nuestra vida sea una oración de dedicación y servicio a los pobres.

All: **Reina, Señora y Madre nuestra,
¡intercede por todos tus hijos!**

Third Day: **"María es modelo de humildad"**

Leader: La humildad es el fundamento del amor y la capacidad de perdonar. Dios mira complacido a los humildes. Se sirve de hombres débiles para las grandes empresas de su gloria y se vale de los más pobres y despreciables para confundir a los grandes del mundo.

Con razón cantó la Virgen María en su Magnificat: "El Señor derribó a los potentados de sus tronos y ensalzó a los humildes."

María era doncella pobre y desconocida, pero su profunda humildad atrajo la mirada de Dios. El Hijo Divino bajó a habitar en ella. Y María fue escogida para ser Madre de Dios. Por eso, escogió a Juan Diego, pobre, humilde y desconocido para hacerlo testigo de su maravillosa aparición en el Tepeyac, y llevar su mensaje de amor al Obispo Juan de Zumárraga. Pongamos toda nuestra confianza en la Vírgen de Guadalupe para poder vencer toda apatía y rencor.

All:	**Virgen María de Guadalupe, ayúdanos a ser humildes para vencer el egoísmo y poder servir con bondad y cariño a todos.**
Fourth Day:	"María es modelo de la pureza"
Leader:	Dios hizo a nuestra Madre inmaculada. Su persona y sus sagradas imágenes irradian torrentes de blancura, candor e inocencia. En el Tepeyac vino a revelarnos el misterio de su Inmaculada Concepción. Su cabeza y sus ojos inclinados, sus manos juntas significan recogimiento y oración. Su figura de doncella azteca cubierta de manto azul sembrado de estrellas y su túnica de rosa encendida de castilla, nos muestra su pureza.
	Evitemos toda ocasión de pecado. Luchemos por vivir siempre en la luz, lejos de toda tiniebla y tristeza. Aprendamos a disfrutar de la libertad, y de la gracia. Rompamos toda atadura que impida la tranquilidad de corazón, y gozosamente caminemos con Cristo y la Vírgen Santísima de Guadalupe.
All:	**Virgen Santísima de Guadalupe, ayúdanos a salir de toda tristeza y sálvanos del desaliento.**
Fifth Day:	"María es Apóstol de Nuestra Fe"
Leader:	El gran misionero enviado por Dios a las Américas fué y sigue siendo la Virgen de Guadalupe. "Sábete, hijo mío muy querido," dijo a Juan Diego, "que soy la siempre Virgen María, Madre del verdadero Dios, Autor de la vida, Creador del cielo y de la tierra."
	Así instruye con maternal amor a sus hijos muy queridos la Virgen, Apóstol de las Américas. Fué en el Tepeyac donde la Santísima Trinidad encendió el luminoso faro de la fe Cristiana, que ha iluminado a todos por el camino del bien. La Virgen de Guadalupe es el imán de todos.
	Con amor y fidelidad vivamos nuestre fe para ser testimonio auténtico en la tarea de evangelizarnos a nosotros mismos y a los demás.

All: Virgen Santísima de Guadalupe, Apóstol y Evangelizadora de las Américas, ¡conserva y aumenta nuestra fe!

Sixth Day: "María es Nuestra Esperanza"

Leader: El mundo proclama insistentemente a la Santísima Madre como su esperanza: "Dios te Salve, Reina y Madre de misericordia, vida, dulzura y esperanza nuestra." Y no sin razón.

Son tantos nuestros sufrimientos, necesidades y hay tantos peligros que necesitamos un corazón misericordioso que nos escuche. Dios en su bondad quiso entregar ese corazón a la Virgen de Guadalupe.

La Virgen se apareció a Juan Diego y le dice amorosamente: "Oye, hijo mío, lo que te digo ahora. No te moleste, ni te aflija cosa alguna, ni temas enfermedad, ni dolor. ¿No estoy aquí yo que soy tu Madre? ¿No estás bajo mi sombra y amparo? ¿No soy yo la vida y la salud? ¿No estás en mi regazo y corres por mi cuenta?"

Estas palabras hicieron desaparecer la trizteza y el pesar del corazón de Juan Diego. Bernardino sanó al instante. La Virgen de Guadalupe se convirtió en la esperanza de las Américas.

All:	**Virgen Santísima de Guadalupe, sé la esperanza de nuestras familias, bendice nuestros hogares y dános tu bendición.**
Seventh Day:	"María es Poderosa Mediadora"
Leader:	Como Madre del Redentor, se le entregaron los tesoros de gracia que Cristo ganó en la cruz para nosotros. Como Reina de todo lo creado, a ella compete el dominio de todo. Nada hay, que Dios quiera conceder a los hombres, que no pase por las manos de la Virgen Inmaculada.
	María es Madre amorosa, tierna y compasiva. He aquí como se expresó en la cima del Tepeyac: "Es mi deseo," dijo a Juan Diego, "que se me levante un templo en este lugar, donde por compasión a los que me llamen en sus trabajos y aflicciones yo les oiré sus ruegos para darles consuelo y alivio."
	Acudimos a la Virgen de Guadalupe en todas las necesidades. Pidámosle las gracias para ser compasivos y generosos con aquellos que necesitan de nosotros.
All:	**Virgen Santísima, Madre de Guadalupe, pues eres nuestra Mediadora, intercede por nosotros ante tu Hijo Jesús.**
Eighth Day:	"María es Protectora de las Américas"
Leader:	Cuando la Virgen Santísima se apareció en la Colina del Tepeyac en Diciembre, 1531, y el Evangelio fué predicado, se formó la nueva raza de una nación valiente y religiosa.
	Fué la Virgen desde el Tepeyac quien dió la luz a nuestra fe. Fué ella la que nos dió el espíritu de independencia, de libertad, de justicia, y de grandeza. Fué ella quien inspiró a nuestros héroes, mártires y santos. La Virgen bendita ha sido y siempre será para nosotros el símbolo y la fortaleza de nuestra fe Cristiana.

Por eso pintamos y bordamos su imagen santa en los estandartes y banderas. Por eso la llevamos en nuestro corazón. Por eso agradecidos le rendimos honor con cantos y danzas, con procesiones y peregrinaciones y nos postramos humildemente y con gratitud y esperanza a los pies de la Virgen del Tepeyac.

All: **Santa María de Guadalupe, esperanza y Madre nuestra, salva nuestra Patria.**

Ninth Day: "M**ARÍA ES** R**EINA DE** M**ÉXICO Y** E**MPERATRIZ DE LAS** A**MÉRICAS**"

Leader: Cristo Jesús al escoger a la Virgen María por su Madre y asociarla a la obra de la redención salvadora, la constituyó Reina y Emperatriz de todo lo creado. Más su reinado es de amor y de misericordia.

Pues ella es nuestra Madre. Sus maravillosas apariciones en el Tepeyac y sus declaraciones a Juan Diego son testimonio de su maternidad e imperio. El Papa León XIII, Vicario de Cristo en la tierra y sucesor a San Pedro, ordenó que la Virgen Santísima en su prodigiosa imagen del Tepeyac, y con el título de Guadalupe, fuera oficialmente coronada como "**Reina de México y Emperatríz de las Américas,**" el día 12 de Diciembre de 1895.

¡Que reine su amor en nuestros corazones. Que nuestra oración y nuestro canto sean obras de misericordia para los enfermos y pobres!

All: **Oh Virgen de Guadalupe, Reina de México y Emperatriz de las Américas, bendice nuestros hogares y salva a nuestros hijos.**

Each day of the novena the daily prayer is followed by these invocations.

All: **No, nunca te alejes. ¡No faltes jamás; pues somos tus hijos, Oh Madre de piedad!**

Leader:	Virgen Santísima de Guadalupe, Madre nuestra y Reina de los pobres, de quien se ha valido el Señor para hacer desaparecer la idolatría y extender el Reino de tu Hijo Santísimo, te suplicamos que nos ayudes a amar y perdonar para siempre y crecer en la fe de Cristo Jesús.
All:	**No, nunca te alejes. ¡No faltes jamás; pues somos tus hijos, Oh Madre de piedad!**
Leader:	Virgen Santísima de Guadalupe, Madre amantísima, que nos amas con singular cariño, y nos has acogido bajo tu protección maternal. Te damos gracias y te suplicamos nos concedas ser hijos amantes y dóciles, que jamás desmerezcamos de tan buena Madre.
All:	**No, nunca te alejes. ¡No faltes jamás; pues somos tus hijos, Oh Madre de piedad!**
Leader:	Virgen Santísima de Guadalupe, excelsa Patrona de las Américas que han experimentado tu poderosa protección en las pestes, inundaciones, guerras y calamidades, te damos gracias y te suplicamos nos mires con amor y compasión. Aparta todo mal de nuestros hogares.
All:	**No, nunca te alejes. ¡No faltes jamás; pues somos tus hijos, Oh Madre de piedad!**
Leader:	Virgen Santísima de Guadalupe, Emperatríz de las Américas, ¡así reconocida y proclamada por la Iglesia que ha colocado sobre tu cabeza valiosa corona! Sea tu reinado efectivo para siempre en nuestros corazones para que reine la paz y la justicia de Cristo en este país tuyo.
All:	**No, nunca te alejes. ¡No faltes jamás; pues somos tus hijos, Oh Madre de piedad!**
All:	**¡Virgen Santísima de Guadalupe! * Tú eres nuestra abogada, * nuestro consuelo, * nuestra luz, * nuestra guía * y nuestra esperanza. * Compadécete de tu pueblo, * destruye el poder del odio * y ayúdanos a vivir en caridad y paz.**

Te rogamos por nuestro querido Papa _____ * y por nuestro obispo, * Monseñor _____, * y por todos los sacerdotes, * religiosos * y fieles de tu pueblo. * ¡Tierna Madre Nuestra! * Vuelve a nosotros tus ojos * llenos de misericordia. * No permitas * que jamás cesemos de amar a los pobres * en Cristo Jesús. * Amén.

This final prayer concludes each day's novena.

Leader: Oh Señora Nuestra de Guadalupe, Rosa Mística, intercede por la Iglesia Católica en todas partes del mundo, pero especialmente aquí en _____.

Protege al Soberano Pontífice, ampara a todos los que te invocan en sus necesidades, pues eres la siempre Virgen María, Madre del verdadero Dios, alcánzanos de tu Hijo Santísimo la conservación de la fe, una dulce esperanza en las amarguras de la vida, una caridad ardiente y el don precioso de la perserverancia final.

Todos: **Amén.**

Any one of a number of appropriate hymns may be sung to conclude the service. You might consider **Adios, Reina del Cielo** *or* **Adios, Oh Virgen de Guadalupe**.

RITO PARA
LA CELEBRACIÓN DE LAS MAÑANITAS

The Early Morning Service on December 12
The Feast of Our Lady of Guadalupe

This traditional ceremony, intended as an early morning serenade of the Virgin on her feast day, takes place very early in the day, as early as four or five o'clock in the morning. There should be some refreshments (coffee and hot chocolate with panes de dulce, or even tamales with menudo) provided for the participants after the mañanitas and before they leave for work.

The people, holding lit candles, gather outside the church, if possible, or in the vestibule. The church is dark, although often the image of Our Lady of Guadalupe, turned into a shrine for the day with flowers and decorations, should already be illuminated.

The celebrant begins:

Celebrant: Por la señal de la Santa Cruz, de nuestros enemigos, líbranos, Señor, Dios Nuestro, en el nombre del Padre y del Hijo y del Espíritu Santo.
People: Amén.

Celebrant: Abre, Señor, mis labios.
People: Y mi boca pronunciará tus alabanzas.

Celebrant: Dios todopoderoso, que por la Inmaculada Concepción de la Virgen María, preparaste una morada digna para tu Hijo, y en atención a los méritos redentores de Cristo, la preservaste de toda mancha de pecado; concédenos, por su maternal intercesión, reconocer nuestros pecados y arrepentirnos sinceramente para que podamos alabar a la Virgen con estas mañanitas.

All: Señor mío Jesucristo, * Dios y Hombre verdadero, * me pesa de todo corazón * de haberte ofendido, * porque he merecido el infierno * y he perdido el cielo, y sobre todo, * porque ofendí a Tí, Señor, * Tú que eres tan bueno * y que tanto me amas, * y a Quien yo quiero amar sobre todas las cosas.

Propongo firmemente, * con tu gracia, * enmendarme *
y alejarme de las ocasiones de pecar, * confesarme y
cumplir la penitencia.

Confío me perdonarás * por tu infinita misericordia. *
Amén.

Celebrant: **Dichosa eres, María,**
All: ¡porque de Tí vino la Salvación del mundo!

Celebrant: **Tú eres la gloria de Jerusalén, el orgullo de Israel,**
Todos: ¡y el honor mayor de nuestra raza!

The procession into the church begins after these opening prayers. During the procession this or another traditional hymn to Our Lady may be sung.

Processional: BUENOS DÍAS, PALOMA BLANCA

Buenos Dias, Paloma Blanca, hoy te vengo a saludar,
Saludando tu belleza, en tu trono celestial.
Eres Madre del Creador, y a mi corazón encantas,
Gracias te doy con amor, Buenos Días, Paloma Blanca.

Niña Linda, Niña Santa, tu dulce nombre alabar
Porque soís tan sacrosanta, hoy te vengo a saludar.
Reluciente como el alba, pura, sencilla y sin mancha,
Que gusto recibe mi alma, Buenos Días, Paloma Blanca.

Que linda está la mañana, el aroma de las flores,
Despiden suaves olores, antes de romper el alba,
Mi pecho con voz ufana, gracias te da, Madre Mía
En este dichoso día, antes de romper el alba.

Cielo azul yo te convido, en este dichoso día,
a que prestes tu hermosura a la flores de María.
Madre mía de Guadalupe, dame ya tu bendición,
Recibe éstas mañanitas de un humilde corazón.

Entering the church (or as you approach the shrine of Our Lady) this song is sung:

Entrance Hymn: MAÑANITAS A LA VIRGEN DE GUADALUPE

Oh Virgen, la mas hermosa, del Valle del Anáhuac,
Tus hijos, muy de mañana, te vienen a saludar.
> *¡Despierta, Madre, despierta! Mira que ya amaneció;*
> *¡Mira este ramo de flores que para tí traigo yo!*

Cuando miro tu carita, llena de tanto candor,
Quisiera darte mil besos, para mostrarte mi amor.
> *¡Despierta, Madre, despierta! Mira que ya amaneció;*
> *¡Mira este ramo de flores que para tí traigo yo!*

Madre de los Mexicanos, dijiste venías a ser;
Pues ya lo ves, Morenita, sí te sabemos querer.
> *¡Despierta, Madre, despierta! Mira que ya amaneció;*
> *¡Mira este ramo de flores que para tí traigo yo!*

Recibe Madre querida, nuestra felicitación;
Hoy por ser el día tan grande de tu tierna aparición.
> *¡Despierta, Madre, despierta! Mira que ya amaneció;*
> *¡Mira este ramo de flores que para tí traigo yo!*

Aquella alegre mañana, en que apareciste a Juan;
Mientras Dios me de la vida, nunca se me olvidará.
> *¡Despierta, Madre, despierta! Mira que ya amaneció;*
> *¡Mira este ramo de flores que para tí traigo yo!*

Salve Virgen, sin mancilla, de belleza sin igual;
De Guadalupe es tu nombre, y tu trono el Tepeyác.
> *¡Despierta, Madre, despierta! Mira que ya amaneció;*
> *¡Mira este ramo de flores que para tí traigo yo!*

Tu brillaste Virgen Santa, como estrella matinal;
Anunciando la alborada, que iba pronto a comenzar.
> *¡Despierta, Madre, despierta! Mira que ya amaneció;*
> *¡Mira este ramo de flores que para tí traigo yo!*

Hoy a tus pies acudimos, dígnate, Madre, mirar
A tus hijos, que llorando, venimos ante tu altar.
> *¡Despierta, Madre, despierta! Mira que ya amaneció;*
> *¡Mira este ramo de flores que para tí traigo yo!*

This is one day when the congregation will not fill up the church from the rear pew!

Instead, everyone will want to crowd around the shrine of Our Lady, especially for the singing of the hymn **Mañanitas.** *After the hymn, this prayer is recited together.*

All   **Dios te Salve, Santísima María de Guadalupe, * Océano de gracias, * Manantial de misericordia, * Soberna emperatríz del cielo * y de la tierra, * Dios te Salve, * Sagrario de la Trinidad Augusta, * Virgen concebida * sin la mancha original. * Amén.**

The readings may be taken from the feast day readings or from the Common of the Blessed Virgin. You may do one reading from the Old Testament, followed by a psalm, and then a lesson from the New Testament instead of the following five readings.

1st Lesson
Reader: Lectura del Libro de Génesis (3: 14-15)
Entonces Dios el Señor dijo a la serpiente:
– Por esto que has hecho, maldita serás entre todos los demás animales. De hoy en adelante caminarás arrastrándote y comerás tierra. Haré que tú y la mujer sean enemigas, lo mismo que tu descendencia y su descendencia. Su descendencia te aplastará la cabeza, y tú le morderás el talón.
Palabra del Señor.
All: Te alabamos, Señor.

Sung Response: **Desde el cielo una hermosa mañana,**
Desde el cielo una hermosa mañana,
La Guadalupana, la Guadalupana,
la Guadalupana bajó al Tepeyác.
La Guadalupana, la Guadalupana,
la Guadalupana bajó al Tepeyác.

2nd Lesson
Reader   Lectura del Profeta Isaías (7: 10-14)
El Señor dijo también a Ahaz: "Pide al Señor tu Dios que haga un milagro que te sirva de señal, ya sea abajo en lo más profundo o arriba en lo más alto. Ahaz contestó: "No, yo no voy a poner en prueba al Señor, pidiéndole una señal."

Entonces Isaías dijo: "Escuchen ustedes, los de la casa real de David. ¿Les parece poco molestar a los hombres, que quieren

	también molestar a mi Dios? Pues el Señor mismo les va a dar una señal: La virgen está encinta y va a tener un hijo al que pondrá por nombre 'Emanuel'."
	Palabra del Señor.
All:	Te alabamos Señor.
Sung Response:	Suplicante juntaba sus manos,
	Suplicante juntaba sus manos,
	Y eran los Hispanos, y eran los Hispanos,
	y eran los Hispanos su porte y su faz;
	Y eran los Hispanos, y eran los Hispanos,
	y eran los Hispanos su porte y su faz.

3rd Lesson

Reader:	Lectura del Libro del Profeta Isaías (9: 2-6)
	El pueblo que andaba en la oscuridad vió una gran luz; una luz ha brillado para los que vivían en tinieblas.
	Señor, has traído una gran alegría; muy grande es el gozo. Todos se alegran delante de ti como en tiempo de cosecha, como se alegran los que se reparten grandes riquezas. Porque tú has deshecho la esclavitúd que oprimía al pueblo, la opresión que lo afligía, la tiranía a que estaba sometido. Fue como cuando destruiste a Madián.
	Porque nos ha nacido un niño, Dios nos ha dado un hijo; al cual se le ha concedido el poder de gobernar. Y le darán estos nombres: "Admirable en sus planes," "Dios invencible," "Padre Eterno," y "Príncipe de la Paz."
	Palabra del Señor.
All:	Te alabamos, Señor.
Sung Response:	Su llegada llenó de alegría,
	Su llegada llenó de alegría,
	De paz y armonía, de paz y armonía,
	de paz y armonía todo el Anahuác;
	De paz y armonía, de paz y armonía,
	de paz y armonía todo el Anahuác.

4th Lesson

Reader:	Lectura del Eclesiástico (24: 1, 9-10, 22)
	La sabiduría se alaba a sí misma, habla con orgullo en medio de su pueblo: "Él me creó al comienzo, antes del mundo, y

	nunca dejaré de existir. He servido ante él en el santuario, y en Sión me establecí. Eché raíces en este pueblo glorioso, posesión escogida del Señor. El que me hace caso no fracasará; el que se conduce con sabiduría, no pecará. *Palabra del Señor.*
All:	Te alabamos Señor.

Sung Response: **Junto al monte pasaba Juan Diego,**
Junto al monte pasaba Juan Diego,
Y acercóse luego, y acercóse luego,
y acercóse luego, al oír cantar;
Y acercóse luego, y acercóse luego,
y acercóse luego, al oír cantar.

5th Lesson

Reader: Lectura del Libro de Apocalípsis (11:19a; 12: 1-6)
Entonces se abrió el templo de Dios que está en el cielo, y en el templo se veía el arca de su alianza. Apareció en el cielo una gran señal: una mujer envuelta en el sol como en un vestido, con la luna bajo sus pies y una corona de doce estrellas en la cabeza. La mujer estaba encinta y gritaba por los dolores del parto, por el sufrimiento de dar a luz.

Luego apareció en el cielo otra señal: un gran dragón rojo que tenía siete cabezas, diez cuernos y una corona en cada cabeza. Con la cola arrastró la tercera parte de las estrellas del cielo, y las lanzó sobre la tierra. El dragón se detuvo delante de la mujer que iba a dar a luz, para devorar a su hijo tan pronto como naciera. Y la mujer dio a luz a un hijo varón, el cual ha de gobernar a todas las naciones con cetro de hierro. Pero su hijo le fue quitado y llevado ante Dios y ante su trono; y la mujer huyó al desierto, donde Dios le había preparado un lugar.
Palabra del Señor.

All: Te alabamos Señor.

Sung Response: **"Juan Dieguito," la Virgen le dijo;**
"Juan Dieguito," la Virgen le dijo,
"Este cerro elijo, este cerro elijo, este cerro elijo para hacer mi altar;"
"Este cerro elijo, este cerro elijo, este cerro elijo para hacer mi altar."

The Gospel is proclaimed after the Alleluia.

Deacon *or Celebrant*: **El Señor esté con vosotros.**
All: Y con tu espíritu.

Deacon *or Celebrant*: **Lectura del Santo Evangelio (+) según San Lucas.**
All: Gloria a Tí, Señor.

A los seis meses, Dios mandó al ángel Gabriel a un pueblo de Galilea, llamado Nazaret, donde vivía una joven llamada María; era virgen, pero estaba comprometida para casarse con un hombre llamado José, descendiente del rey David. El ángel le dijo
– ¡Salve, llena de gracia! El Señor está contigo.
María se sorprendió de estas palabras, y se preguntaba qué significaría aquel saludo.

El ángel le dijo:
– María, no tengas miedo, pues tú gozas del favor de Dios. Ahora vas a quedar encinta: tendrás un hijo, y le pondrás por nombre Jesús.
Palabra del Señor.
All: Gloria a Tí, Señor Jesús."

After a short homily explaining the importance of the readings in our understanding of Marian devotion, the Prayers of the Faithful follow. You may use these intercessions or you may prefer to have parishioners write their own or even pray them spontaneously.

Oración de Los Fieles

Deacon *or Commentator*
"A cada invocación respondemos: **"Intercede por nosotros, Oh Gran Señora."**

1) Hagamos una oración por la Iglesia que por la intercesión de Nuestra Señora de Guadalupe logre la unidad como familia. Oremos al Señor:
"Intercede por nosotros, Oh Gran Señora."

2) Y por los líderes de la Iglesia: para que María Evangelizadora sea su inspiración. Oremos al Señor:
"Intercede por nosotros, Oh Gran Señora."

3) Entonces por todos los Hispanos que viven fuera de su país, para que logren acercarse a la Virgen de Guadalupe como su madre. Oremos al Señor:
   "Intercede por nosotros, Oh Gran Señora."

4) Por los enfermos, los hospitalizados, los moribundos y los que fallecerán en esta fiesta, oremos para que la Virgen los ampare en su enfermedad y sus últimos momentos. Oremos al Señor:
   "Intercede por nosotros, Oh Gran Señora."

5) Hagamos una oración también por los indocumentados, los que sufren de la falta de justicia, y por los damnificados por la violencia del mundo, para que la Virgen los proteja de todo peligro. Oremos al Señor:
   "Intercede por nosotros, Oh Gran Señora."

6) Finalmente por los que rechazan a María como Madre de Dios y su Madre también, para que abran sus corazones a su amor maternal. Oremos al Señor:
   "Intercede por nosotros, Oh Gran Señora."

Celebrant: **Oh Dios todopoderoso, que en nuestro camino, has puesto como signo luminoso a la Virgen María de Guadalupe, por su santa intercesión aumenta nuestra fe y reaviva nuestra esperanza, para que ningún obstáculo nos desavíe del sendero que nos lleva a la salvación, por Jesucristo, nuestro Señor.**
People: Amén.

Then the deacon (or the celebrant) invites the people to pray together:

Deacon *or celebrant:* Vamos a ponernos bajo el amparo de nuestra santísima Madre, rezando esta consagración:

"Oh Señora mía, Oh Madre mía, * yo me ofrezco enteramente a Tí. * Y en prueba de mi filial afecto, * yo te consagro en este día y para siempre: * mis ojos, * mis oídos, * mi lengua, * mi corazón * – ¡En una palabra: todo mi ser!

Ya que soy todo tuyo, * Oh Madre de Bondad, * guárdame y defiéndeme como cosa y posesión tuya. * Amén.

Finally, the deacon (or the celebrant) invites the people to pray this last prayer:

Celebrant: Antes de despedirnos, vamos a ponernos de rodillas y con todo el corazón, invoquemos la protección de la Virgen sobre nuestras familias.

All: ¡Oh consuelo de los afligidos! * Permíteme llegar a Tí, * para depositar en tus manos * mis penas, * mis temores y mis deseos. * Recuerda, Señora, * que tu Divino Hijo Jesús nada te niega, * y por ello te pedimos * que intercedas por nosotros.

¿Necesitaré hacerte el relato de mis necesidades * para que me alcances los remedios? * Bien sé que no; * por lo mismo, * me limito a rogarte por mí * y los míos; * por las necesidades de la Santa Iglesia * tan combatida; * y por mi pobre Patria, * amada por Tí y que tan mal * corresponde a tus favores.

Santísima Señora, * ten presentes todos los títulos * que tengo para pedirte: * recuerda que eres mi refugio, * porque soy pecador; * mi consuelo, * porque estoy afligido; * y mi madre, * mi amorosísima madre, * porque soy Hispano.

Estoy cierto * de que te acordarás de todo ésto * y me basta para quedar consolado. * Adios, Madre mía, * Dame tu bendición * antes que yo abandone este lugar, * y recibe mi agradecimiento * por los consuelos que * por tu intercesión he recibido, * y concédeme * la g racia de alabarte * siempre en la eternidad. * Amén.

Tlecuauhtlapcupeuh is another possible Nahuatl origin of the word "Guadalupe." Suggested by the scholars at the Center for Guadalupan Studies in Mexico City, *tlacuauhtlapcupeuh* is translated *"the one who comes from the region of light, like the fire eagle."* As with the other suggested etymology — *tecuatlaxope* — the Spaniards would have heard this as *"de Guadalupe"* referring to the well-known XII century shrine of Our Lady in the town of Guadalupe, in the province of Cáceres, along the Guadalupe River in Spain.

Lent and Good Friday Devotions

Latin American churches abound in images of the Passion. Graphic crucifixes will be flanked by images of St. John and the Madre Dolorosa while in the next niche La Virgen de la Soledad weeps before the Divino Rostro.

These images plus statues of the Just Judge, Christ carrying His Cross, or the Santo Entierro will be displayed all year round, rather than just during Lent or Holy Week.

*Flor marchita y la fe perdita
nunca vuelven a la vida.*

For Hispanic Catholics, the images of Holy Week — *taken from the Scriptures, the Liturgy and the neighborhood in which they live* — are dramatic images of God's mercy and man's need for penance, both of which are personally and directly experienced as something which is happening *right now* and *right in front of us*.

Though most of us will pray the stations as a way of commemorating the historic way of the cross, that is, the actual event on Good Friday, Hispanic Catholics will *relive the event*, walking with Christ through the church or through the *barrio*, taking on the identity in turn of Simon or Veronica, of someone in the crowd or of one of the soldiers.

In popular Catholicism, no practice affords the Hispanic Catholic a better opportunity to experience the personal cost of redemption than the Good Friday **Pésame** service. Derived from the medieval mystery plays and traditionally directed and maintained by lay confraternities, there are versions of the pésame throughout Latin America, with indigenous North-American forms that developed in Texas, New Mexico and southern Colorado.

The pésame included here is a shortened version, designed for a bilingual parish where it might be difficult to celebrate the **Solemn Commemoration of the Lord's Passion** *(from the Sacramentary)* twice on Good Friday, but where it would be beneficial to celebrate it once in English and then return to the Church on the evening of Good Friday to celebrate the Pésame in Spanish.

However, for those parishes where it would be desirable, a longer Pésame, divided into three sections, can be celebrated at noon, three in the afternoon and perhaps seven in the evening.

The first part, called the *Procesión en Silencio* begins with the way of the cross, but after the 12th station, an image of the suffering Christ, (the *Divino Preso, Cristo con la Cruz a Cuestas* or simply the processional cross) is taken out of church and carried in an outdoor procession accompanied by all the faithful. No words are said and no hymns are sung. In Mexico the church bell tolls and in New Mexico the beating of military drums accompanies the procession. Returning to church, the final two stations are prayed and the people disperse.

The second part, the *Entierro,* begins with elements of the Solemn Commemoration: the prostration, for example, and the reading of the Passion Narrative. However, when the people kneel at the words *"Inclinó la cabeza y entregó su espíritu,"* the image of Christ Crucified is replaced by the Santo Entierro, that is, by an image of the Savior reposed in death. The women of Jerusalem come forward to place flowers and candles around the entierro and a woman dressed as Our Lady of Sorrows gives a reflection on her Son's death. *(These elements are explained in detail on pages 97 through 113.)* The Good Friday celebration of the Passion concludes then in the evening with the celebration of the *Pésame* as outlined on pages 113 and 114.

Whether the celebration is divided so as to mark the beginning and end of the crucifixion and the burial at sundown, or is celebrated as a single continual service, the Pésame retains an enormous power to move the heart. The complications of these rituals plus the fact that most parishioners will be familiar only with the version celebrated in their native locality will make it difficult to celebrate the Good Friday services correctly — but it is certainly possible to do so and is well worth the effort!

DEVOCIONES AL DIVINO PRESO
"El Señor del Gran Refugio"
Lenten Devotions to Christ, the Divine Prisoner

This very common devotion is known in English either as **Ecce Homo Devotion** *(from the Latin words spoken by Pilate, "Behold the Man") or as the devotion to* **Christ before Pilate***. It may be prayed before or after Sunday Mass, on Wednesday evenings or Friday afternoons. The statue of the* **Divino Preso** *is placed in a prominent position in the sanctuary and the priest, the deacon (or other minister) begin:*

Kneeling

Celebrant: **En el nombre del Padre y del Hijo y del Espíritu Santo.**
People: Amén.

Celebrant: **Nuestro auxilio está en el nombre del Señor.**
People: Que hizo el cielo y la tierra.

Celebrant: **¡Salve! Víctima de la Salvación, ofrecida en el patíbulo de la cruz por mí y por todo el linaje humano.**

¡Salve! Noble y preciosa sangre que mana de las llagas de Jesucristo Crucificado y lava todos los crímenes del mundo.

Acuérdate, Señor, del hombre que has rescatado con tu Sangre. Me arrepiento de haberte ofendido y propongo enmendarme en lo sucesivo. Amén.

People: Mírame, * ¡Oh mi amado y buen Jesús! * Postrado ante tu santísima presencia, * Te ruego con el mayor fervor de que soy capaz * que imprimas en mi corazón * los más vivos sentimientos de fé, * esperanza * y caridad, * verdadero dolor de mis pecados * y propósito firmísimo de nunca más ofenderte.

Mientras que yo * con todo el amor y compasión de que soy capaz * contemplo tus cinco llagas, * comenzando por lo que puso en tus labios, * ¡Oh mi Jesús! * el santo profeta David: * "Taladraron mis manos y mis pies; * se pueden contar todos mis huesos."

*It is very common to bring the statue of the Divino Preso in a procession around the interior (or even the exterior) of the church. To do this, you will need two, four or six men (called **palanqueros**) to carry the statue plus servers with candles, bells or clappers. Before the service begins you might also want to invite the congregation to join in this procession.*

After the first prayers are concluded, and while the palanqueros are coming up to receive the statue, you lead the congregation in the Anima Christi:

Celebrant:	People:
Alma de Cristo,	¡Santifícame!
Cuerpo de Cristo,	¡Sálvame!
Sangre de Cristo,	¡Embriágame!
Agua del costado de Cristo,	¡Lávame!
Pasión de Cristo,	¡Confórtame!
Oh Buen Jesús,	¡Óyeme!
Dentro de tus llagas,	¡Escóndeme!
No permitas,	¡Que me separe de Tí!
Del enemigo malo,	¡Defiéndeme!
En la hora de mi muerte,	¡Llámame, y mándame ir a Tí!
Para que con tus ángeles y santos,	¡Te alabe por los siglos de los siglos! Amén.

*The celebrant leads the procession with the acolytes and the cross bearer. Next comes the image of the Divino Preso carried by the palanqueros, followed by other servers with candles, incense, bells or clapper (called a matraca). During the procession any number of traditional hymns (e.g. **Perdona a Tu Pueblo** or **Perdón, Señor**) may be sung.*

After the procession is concluded, have the palanqueros return the statue of the Divino Preso to its place in the front of the sanctuary and kneel again before the image.

Kneeling
Celebrant: Padre Santo, he aquí al Hombre. Contempla a éste Hombre, cubierto de heridas y horriblemente desfigurado por mis pecados.

Tú me mandas que lo mire para que me compadezca de Él. Yo te pido, Señor, que lo mires Tú, para que te apiades de mí.

Tú quieres, Oh Padre Eterno, que lo mire para que lo tome por modelo; míralo Tú, Señor, para que por consideración a Él, me concedas esas gracias sin las cuales no puedo imitarlo.

People: Padre Santo, * todos hemos ultrajado indignamente * tu soberana majestad * con nuestros pecados. * Detén tu mirada sobre este Hombre * que ha sufrido tormentos inauditos * por satisfacer tu justicia. * Que su vista aplaque tu cólera * y nos consiga el perdón de nuestras pecados.

¡Oh Padre misericordioso! * He aquí al Hombre. * Contempla a este hombre * y que lleva en su corazón * a todos los demás hombres * ya que ofrece su vida por ellos. * No me mires a mí sólo, * sino mira al mismo tiempo a este Hombre; * y lo que no merezco yo * por mí mismo * concédemelo por sus méritos * puesto que Él sufre por mí.

Amén.

DEVOCIONES A LA VIRGEN DOLOROSA
"La Virgen Desamparada"

Lenten Devotions to Our Lady of Sorrows

This is a very common Lenten devotion among Hispanic Catholics. Like the devotion to the Divino Preso, it may be prayed before or after Sunday Mass, on Wednesday evenings or Friday afternoons. You may also wish to alternate this devotion with the devotion to the Divino Preso.

This devotion with its procession seeks to accompany the Virgin as she goes in search of her Son who has been arrested. She searches for Him first among the poor, then among the sick and suffering, and finally among the sinners. You might have the whole congregation process with you, or you might choose some members of the parish to represent each of these three groups. In this case, they should gather in a pre-arranged spot where they may wait for the procession and where they might be able to answer the Virgin's questions.

Begin with the statue of Our Lady of Sorrows (or the Virgin of Desolation) in a prominent place in the sanctuary where it can be seen by all. You or the deacon can begin:

Celebrant *(or Deacon)*: **Dos veces la Vírgen María perdió a su Hijo Divino: la primera vez fué cuando Jesús era niño de 12 años y se quedó en Jerusalén enseñando a los maestros y doctores de la ley. La segunda vez fué cuando estos mismos maestros y doctores de la ley decidieron crucificarlo, y – para tomarlo preso en secreto – enviaron soldados para aprehenderlo en el Huerto.**

Hoy día, queremos acompañar a la Vírgen Dolorosa nuestra Santa Madre, que anda buscando a su Hijo Divino.

En el Nombre del Padre y del Hijo y del Espíritu Santo.
People: Amén.

Celebrant: **Nuestro auxilio está en el nombre del Señor.**
People: Que hizo el cielo y la tierra.

The part of the Virgin should be read by one of the women in the congregation:

La Virgen: "Ando en busca de mi Hijo, que perdido está y encontrarlo, no puedo. Seguro está con los pobres y con los desamparados, pues siempre les ha predicado la Palabra del Señor. Los pobres y los hambrientos siempre saben donde está."

" – Mis hijitos pequeñitos, ¿Han visto a mi Hijo, Jesús? Es el Hijo de Dios Padre … ¿Pueden decirme si es que por aquí pasó?"

People: "Sí, Madre, * tu Hijo querido ha pasado por aquí, * con gruesos lazos atado, * y cubierto con heridas. * Los soldados lo golpeaban y también lo tironeaban. * Y cuando cayó postrado, * muchos más golpes le daban. Oh Madre, sin mancha, * han dejado sólo a Jesús * los Apóstoles y Discípulos. * Tienen miedo de la cruz. * Pero no llores, * mi Reina, * tú nunca sola estarás. * Pues nosotros estaremos junto contigo en su busca. * Y aunque no tenemos nada, * mucho es nuestro amor por Tí."

Dios te salve, María, llena eres de gracia. El Señor es contigo. Bendita tú eres entre todas las mujeres y bendito es el fruto de tu vientre, Jesús. Santa María, madre de Dios, ruega por nosotros los pecadores, ahora y en la hora de nuestra muerte. Amén.

Celebrant: **Madre, llena de dolores, acuérdate que en la cruz ...**
People: ... Te nombró tu Hijo Jesús, "Madre de los Pecadores."

It is very common to bring the statue of the Sorrowful Mother in a procession around the interior (or even the exterior) of the church. To do this, you will need two, four or six men **(palanqueros)** *to carry the statue plus servers with candles, incense, bells or clappers. After the woman who speaks the Virgin's part concludes her first oration, invite the palanqueros to come up and receive the image of Our Lady.*

When the bearers and ministers are in their places and everyone is ready, invite the con-

gregation to join in the procession. There will be three separate stages to the procession; during each one a hymn may be sung.

At a convenient place, the procession stops and the woman who is taking the Virgin's part begins:

La Virgen: "Mi Jesús muchos ciegos ha curado, * y con ellos hablaré * para saber si lo han mirado. * Y con los sordos también, quizás algo habrán oído. * Y con los cojos hablaré, * a quien hizo caminar, * y acaso con mi Hijo * ellos me pueden llevar.

" – Mis queridos hijitos, * que sufren y cargan su cruz, * ¿Díganme si han visto * a mi único Hijo Jesús? * Pues, no entiendo porque quieren * que sufra los clavos y cruz."

People: "Sí, Madre, * tu Hijo, por aquí ha pasado. * Iba con la cruz cargado. * Y mucho lo han golpeado, * sin piedad los soldados. * Pero Él todo lo ha aguantado. * Mucho tormento ha sufrido * y de nada se ha quejado.

"Madre, tu Hijo * debe ser rey, * pues le han puesto una corona. * Aunque con pena decimos, * que esa corona es de espinas.

"No llores, Madre, * que nosotros los enfermos * sabemos lo que es sufrir. * Acompáñanos para ir * en el camino al Calvario. * Y no dejes solitario * a tu Pueblo que te ha amado."

All: Dios te salve, María, llena eres de gracia. El Señor es contigo. Bendita tú eres entre todas las mujeres y bendito es el fruto de tu vientre, Jesús. Santa María, madre de Dios, ruega por nosotros los pecadores, ahora y en la hora de nuestra muerte. Amén.

Celebrant: **Madre, llena de dolores, acuérdate que en la cruz ...**
People: ... Te nombró tu Hijo Jesús, "Madre de los Pecadores."

Here the procession begins again. Additional verses of the first hymn or a second hymn may be sung during the procession. When everyone arrives at the second station, the woman who is speaking in the Virgin's name begins:

La Virgen:	"¡De mis ojos se ha perdido la Luz que es mi Creador, a Quien siempre he llevado de mis brazos en la cruz. Y a mi Dios, que yo he enseñado cuando niño a caminar. ¿Quién me ayudará a buscar? ¿Quién se compadecerá de este dolor tan inmenso que por Él sufriendo estoy?"
People:	"Madre y Reina Celestial, * ¡queremos compadecerte! * Recibe de nosotros * este beso tan sincero * para borrar él que Judas * le dió a cambio de dinero.

"Interceder, no te olvides * por nosotros pecadores, * cuando las lágrimas de tu Hijo * te hagan a tí recordar * y otras puedas obtener * de tu pueblo arrepentido.

"Y cuando recuerdes la sangre * que tu Hijo ha derramado * para lavar nuestra culpa, * pídele a tu Hijo * la gracia para poder enmendarnos * y ya más, * no le ofendamos. * Amén."

All: Dios te salve, María, llena eres de gracia. El Señor es contigo. Bendita tú eres entre todas las mujeres y bendito es el fruto de tu vientre, Jesús. Santa María, madre de Dios, ruega por nosotros pecadores, ahora y en la hora de nuestra muerte. Amén.

Celebrant: Madre, llena de dolores, acuérdate que en la cruz …
People: … Te nombró tu Hijo Jesús, "Madre de los Pecadores."

The procession begins again, moving towards the final station, which – if possible – should be before the tabernacle. During the procession, additional verses of the first hymn or a new hymn may be sung. Everyone kneels and then the Virgin speaks:

La Virgen: "Aquí a mi Hijo he encontrado, en el Sagrario encerrado.

"Miren a mi Hijo amado – Víctima de la Salvación y por amor aprisionado. Aquí su Cuerpo he encontrado, crucificado y resucitado; aquí su Sangre derramada ha llegado a ser bebida para nuestra salvación.

"Aquí mi Hijo está en espera de que Ésta sea la comida para la vida eterna."

All: No me mueve, mi Dios, para quererte
el cielo que me tienes prometido,
ni me mueve el infierno tan temido
para dejar, por eso, de ofenderte.

Muéveme, O Jesús, muéveme el verte
clavado en una cruz, y escarnecido;
Muéveme el ver tu pecho tan herido,
Muéveme tus afrentas y tu muerte.

Muéveme, en fín, tu amor de tal manera
que aunque no hubiera cielo – yo te amara,
y aunque no hubiera infierno – te temiera.

No me tienes que dar para que te quiera,
porque aunque lo que espero no esperara
¡lo mismo que te quiero, te quisiera!

EL PÉSAME
A LA VIRGEN MARÍA, MADRE DOLOROSA
The Evening Service on Good Friday

*Place the statue of the Divino Preso to the congregation's right in the sanctuary. There should also be prepared a small table or stand to receive the image of the dead Savior (called the **Santo Entierro**). The paraphrased Passion is divided into multiple parts and 10 lectors should be prepared for these roles. In addition to the narrator (the **Cronista**), there are two speakers who should have access to a microphone: **Voz 1** which is a male voice and **Voz 2** which is female. The rest of the readers for the Passion (Voces 3, 4, 5, 6, 7, 8, 9 and 10) need to be seated in among the congregation. Besides these roles, you will want to include a commentator (or **monitor**) who can welcome the congregation at the beginning of the service and who will later help explain the service.*

Commentator: Bienvenidos a este servicio tradicional del Viernes Santo. Queremos proclamar la Pasión de Cristo, conmemorar su santo entierro y dar el pésame a la Virgen de la Soledad.

Nuestra participación esta noche es muy importante. Este conmovedor acontecimiento de nuestra redención puede ayudarnos a recordar los padecimientos dolorosos de Cristo, y recordando lo que sufrió por amor a nosotros, podemos experimentar ese amor mas profundamente.

Pónganse de pie, por favor.

*The celebrant enters the church, goes to the sanctuary (or **presbiterio**) and together with the other ministers prostrates himself as in the Solemn Commemoration of the Lord's Passion.*

Then rising, he goes to the altar and greets the people, without the usual reverence or the sign of the cross, saying:

Celebrant: **Padre nuestro misericordioso, santifica y protege siempre a esta familia tuya por cuya salvación derramó su Sangre y resucitó glorioso Jesucristo, tu Hijo, el cual vive y reina por los siglos de los siglos.**

People: Amén.

Part I
Liturgia de la Palabra y Proclamación de la Pasión de N.S. + J.C.

The readings are taken from the Lectionary for Good Friday and are proclaimed as they would normally be proclaimed by one or two lectors.

Reader: Lectura del Profeta Isaías.
(from the lectionary for Good Friday)

People: Te alabamos, Señor.

Psalm: *"Padre, en tus manos encomiendo mi Espíritu."*
(from the lectionary for Good Friday)

Reader: Lectura de la Carta a los Hebreos.
(from the lectionary for Good Friday)

People: Te alabamos, Señor.

Acclamation: ¡Honor y Gloria a Tí, Señor, Cristo Jesús!

La Pasión de Nuestro Señor Jesucristo según San Juan.

*This version of the Passion according to St. John is arranged for several voices which are indicated here as V1, V2 for voice 1 and voice 2, etc. Ten such voices are included in this paraphrase. The part referred to as the **sinagoga** refers to both speakers 1 and 2 speaking in unison.*

Cronista: Pasión de Nuestro Señor Jesucristo según San Juan.

En aquel tiempo, Jesús pasó con sus discípulos al otro lado del arroyo de Cedrón. Había ahí un huerto donde Él entró con sus discípulos. Pero también Judas, el que lo entregaba, conocía el lugar, porque Jesús se había reunido muchas veces allí con los discípulos.

Llevó, pues, consigo soldados del batallón y policías mandados por los jefes de los sacerdotes y los fariseos y llegó allí con lámparas, antorchas y armas.

Jesús sabía lo que iba a pasar. Se adelantó y preguntó:

Jesús: ¿A quién buscan?

Cronista: Ellos contestaron:

Sinagoga: ¡A Jesús de Nazaret!

Cronista: Jesús dijo:

Jesús: Yo soy.

Cronista: Judas, el traidor, estaba también en medio de ellos. Cuando Jesús dijo: "Yo Soy," retrocedieron y cayeron al suelo.

Jesús les preguntó de nuevo:

Jesús: ¿A quién buscan?

Cronista: Y repitieron:

Sinagoga: ¡A Jesús de Nazaret!

Cronista: Jesús les dijo:

Jesús: Ya les he dicho que soy yo. Si me buscan a mí, dejen irse a éstos.

Cronista: Con lo que se cumplió la palabra que él había dicho: "Padre, no he perdido a ninguno de los que tú me has dado."

Simón Pedro tenía una espada; la sacó e hirió a Malco, siervo del Jefe de los Sacerdotes, cortándole la oreja derecha. Jesús le dijo a Pedro:

Jesús: Vuelve tu espada en su lugar. ¿Acaso no beberé la copa que mi Padre me da a beber?

Cronista: Entonces la tropa de soldados, con su jefe y las policías enviados por los Judíos, se apoderaron de Jesús, le amarraron las manos y lo llevaron primero donde Anás, por que éste era suegro de Caifás, Jefe de los Sacerdotes. Caifás es el que había dicho a los Judíos:

"Es necesario que muera un hombre por el pueblo."

Simón Pedro y otro discípulo seguían a Jesús. Ese otro discípulo era conocido del Jefe de los Sacerdotes y por eso entró en el patio de la casa al mismo tiempo que Jesús; pero Pedro quedó afuera, junto a la puerta, hasta que el otro discípulo conocido del Jefe de los Sacerdotes salió y habló con la portera, que le dejó entrar. La portera dijo a Pedro:

V 2: A lo mejor, tú también eres de los discípulos de ese hombre.

Cronista: A lo que respondió Pedro:

V 1: No. ¡No lo soy!

Cronista: Hacía frío. Y por eso los sirvientes y los guardias habían hecho una fogata y se calentaban. Pedro estaba junto a ellos, calentándose también. El Jefe de los Sacerdotes preguntó a Jesús de sus discípulos y de su enseñanza.

Jesús le contestó:

Jesús: Yo he hablado publicamente a todo el mundo. He enseñado en las sinagogas y en el Templo, en los lugares donde se reúnen todos los Judíos. No he hablado nada en secreto. ¿Por qué me preguntas a mí? Pregúntales a los que me han escuchado; ellos saben lo que yo he enseñado.

Cronista: Al oír esto, uno de los policías que estaba allí, dio a Jesús una bofetada en la cara, diciendo:

V 1 ¿Es esa la manera de contestar al Jefe de los Sacerdotes?

Cronista: Jesús contestó:

Jesús: Si he hablado mal, muéstrame en qué. Pero, si he hablado bien, ¿Por qué me pegas?

Cronista: Anás lo envió atado donde Caifás, Jefe de los Sacerdotes. Simón Pedro quedó calentándose en el patio. Le preguntaron:

Sinagoga: ¿No eres tú también uno de sus discípulos?

Cronista: Pero Pedro lo negó, contestando:

V 1: No. No lo soy.

Cronista: Uno de los servidores del Jefe de los Sacerdotes, pariente del hombre al que Pedro le había cortado la oreja, le dijo:

V 2: ¿No te ví acaso con él en el huerto?

Cronista: De nuevo negó Pedro y en seguida cantó el gallo. *(Una pausa breve)*

Amanecía. *(Otra pausa breve)*

Llevaron a Jesús desde la casa de Caifás al tribunal del gobernador. Los Judíos no entraron porque ese contacto con los paganos los hubiera hecho impuros, impidiéndoles celebrar la Pascua.

Pilato entonces salió a ellos y les preguntó.

V 1: ¿De qué acusan a este hombre?

Cronista: Le contestaron:

Sinagoga: Si no fuera un malhechor, no lo habríamos traído ante tí.

Cronista: Pilato les dijo:

V 1: Llévenselo ustedes, y júzguenlo según su ley.

Cronista: Pero los Judíos le contestaron:

Sinagoga: No tenemos autorización para aplicar la pena de muerte.

Cronista: Con esto se cumplía la palabra que había dicho Jesús sobre la manera como iba a morir.

Pilato volvió a entrar al tribunal. Llamó a Jesús y le preguntó:

V 1 ¿Eres tú el Rey de los Judíos?

Cronista: Jesús le contestó:

Jesús: ¿Viene de tí esta pregunta o repites lo que otros te han dicho de mí?

Cronista: Pilato contestó:

V 1: ¿Acaso yo soy Judío? Tu nación y los jefes de los sacerdotes te han entregado a mí. ¿Por que? ¿Qué has hecho?

Cronista: Jesús contestó:

Jesús: Mi reino no es de este mundo. Si fuera rey como los de este mundo, mis servidores habrían luchado para que no cayera en manos de los Judíos. Pero mi Reino no es de acá.

Cronista: Pilato le preguntó:

V 1: Entonces, ¿tú eres rey?

Cronista: Jesús contestó:

Jesús: Tú lo has dicho. Yo soy Rey. Para esto nací, para esto vine al mundo: para decir lo que es la verdad. Todo hombre que está de parte de la verdad escucha mi voz.

Cronista: Pilato le dijo:

V 1: ¿Qué es la verdad?

(Una pausa breve)

Cronista: Y luego salió de nuevo donde estaban los Judíos. Les dijo:

V 1: No encuentro ningún motivo para condenar a este hombre. Como es costumbre, en la Pascua voy a dejar libre a un reo. ¿Quieren que les suelte al "Rey de los Judíos"?

Cronista: Los Judíos se pusieron a gritar:

V 3, V 4: ¡A ese no!

V 5, V 6: ¡No! ¡A ese No!

V 7	Suelta mejor a Barrabás.
V 8, V 9	Mejor a Barrabás!
V 10	¡A ese no!
Cronista:	Y Barrabás era un bandido.

Entonces Pilato ordenó que tomaran a Jesús y lo azotaran. Después, los soldados tejieron una corona de espinas. Se la pusieron en la cabeza y le colgaron en los hombros una capa de color rojo como usan los reyes. Y se acercaban a Él y le decían:

Sinagoga: ¡Viva el Rey de los Judíos!

Cronista: Y le daban bofetadas. Pilato volvió a salir y les dijo:

V 1: Miren, lo voy a traer de nuevo para que sepan que no encuentro ninguna causa para condenarlo.

Cronista: Entonces salió Jesús afuera llevando la corona de espinas y el manto rojo. Pilato les dijo:

V 1: Aquí está el hombre!

Cronista: Al verlo, los jefes de los sacerdotes y los policias del Templo comenzaron a gritar:

V3, V 9: ¡Crucifícalo!

V5, V7: ¡Crucifícalo!

V 4: ¡Crucifícalo! ¡Crucifícalo!

V5, V6: Crucifícalo!

V 8, V 10: ¡Crucifícalo! ¡Crucifícalo!

Cronista: Pilato contestó:

V 1: Tómenlo ustedes y crucifíquenlo. Yo no encuentro motivo para condenarlo.

Cronista: Los Judíos contestaron:

Pueblo: Nosotros tenemos una Ley, y según esta Ley debe morir, porque se hizo pasar por Hijo de Dios.

Cronista: Cuando Pilato escuchó esto, tuvo más miedo. Volvió al tribunal y preguntó a Jesús:

V 1: ¿De dónde eres tú?

(Pausa aquí)

Cronista: Pero Jesús no le contestó palabra, y por eso Pilato le dijo:

V 1: ¿No me contestas a mí? ¿No sabes que está en mi mano dejarte libre o mandarte crucificar?

Cronista: Jesús respondió:

Jesús: Tú no tendrías ningún poder sobre mí, si no lo hubieras recibido de lo Alto. Por eso, él que me entregó a tí tiene mayor pecado que tú.

Cronista: Desde este momento, Pilato buscaba la manera de dejarlo en libertad. Pero los Judíos comenzaron a gritar:

V 3, V5: ¡Si lo dejas libre no eres amigo de César!

V 4, V 6: ¡Porque todo él que se proclama rey va contra el César!

Cronista: Al oír esto, Pilato hizo comparecer a Jesús ante el patio llamado del Empedrado (en Hebreo *Gabatá*).

Era el día de la preparación de la Pascua, alrededor del mediodía.

(Una pausa breve)

Pilato dijo a los Judíos:

V 1: ¡Ahí tienen a su rey!

Cronista: Ellos gritaron:

V 3, V 6: ¡Fuera!

V 9, V 10:	¡Crucifícalo!
V 4, V 7:	¡Fuera! ¡Crucifícalo!
V 5, V 8:	¡Crucifícalo!
Pueblo:	¡Fuera! ¡Crucifícalo!
V 3, V 4:	¡Fuera!
V 7, V 8:	¡Crucifícalo!
V 5, V 6:	¡Fuera! ¡Crucifícalo!
V 9, V 10:	¡Crucifícalo!
Cronista:	Pilato les respondió:
V 1:	¿Quieren que crucifique a su Rey?
Cronista:	Los jefes de los sacerdotes contestaron:
Sinagoga:	¡No tenemos más rey que el César!

Cronista: Entonces Pilato les entregó a Jesús para que fuera crucificado. Ellos se apoderaron de Jesús. Él mismo llevaba la cruz a cuestas y salió a un lugar llamado *Calvario,* en el Hebreo se dice *Gólgota.*

Allí lo crucificaron, y con Él a otros dos, uno a cada lado y en medio a Jesús. Pilato mandó escribir un letrero y ponerlo sobre la cruz. Tenía escrito: **JESÚS DE NAZARET, REY DE LOS JUDIOS.**

Muchos Judíos leyeron este letrero, pues el lugar donde Jesús fué crucificado estaba cerca de la ciudad, y el letrero estaba escrito en tres idiomas: en Hebreo, en Latín y en Griego. Entonces los jefes de los sacerdotes de los Judíos fueron a decir a Pilato:

Sinagoga: No pongas "Rey de los Judíos," sino "El que dice ser Rey de los Judíos."

Cronista: Pilato contestó:

V 1: Lo que he escrito, he escrito.

Cronista: Cuando los soldados pusieron en la cruz a Jesús, se repartieron su ropa en cuatro partes iguales, una para cada soldado. Se apoderaron también de su túnica, que era sin costura, de una sola pieza. Los soldados dijeron entre ellos:

Sinagoga: No la rompamos, más bien, echémosla a la suerte a ver de quién será.

Cronista: Así se cumplió una profecía que dice: "Se repartieron mi ropa y sortearon mi túnica." Fué lo que hicieron los soldados.

Junto a la cruz de Jesús estaba su madre y la hermana de su madre y también María, esposa de Cleofás, y María Magdalena. Jesús, al ver a la Madre y junto a ella a su discípulo más querido, dijo a la Madre:

Jesús: Mujer, ahí tienes a tu hijo.

Cronista: Después dijo al discípulo:

Jesús: Ahí tienes a tu madre.

Cronista: Desde este momento el discípulo la recibió en su casa.

(Pausa breve)

Después de éso, como Jesús sabía que ya todo se había cumplido, y para que se cumpliera las Escrituras, dijo:

Jesús: Tengo sed.

Cronista: Había allí un jarro lleno de vino agridulce. Pusieron en una caña una esponja llena de esta bebida y la acercaron a sus labios. Cuando hubo probado el vino, Jesús dijo:

Jesús: Todo está cumplido.

Cronista: Inclinó la cabeza y entregó su espíritu.

*Everyone kneels here in silence. During this moment of silent reflection, those who will carry the image of the Divine Prisoner out of the church (the **palanqueros**) come forward and remove the statue from the sanctuary and carry it down the main aisle and out of the church. This is done in silence while the congregation, lectors and celebrants kneel. After they have left the church, everyone stands again for the conclusion of the Passion.*

Cronista: Era el Día de Preparación a la Pascua.

Los Judíos no querían que los cuerpos quedaran en la cruz durante el día siguiente, pues este sábado era un día muy solemne. Por eso pidieron a Pilato que ordenara quebrar las piernas a los que estaban crucificados para después retirarlos. Vinieron entonces los soldados y les quebraron las piernas al primero y al otro de los que habían sido crucificados junto a Jesús.

Pero al llegar a Jesús, vieron que ya estaba muerto. Así es que no le quebraron las piernas, sino que uno de los soldados le abrío el costado con una lanzada y al instante salió sangre y agua.

El que lo vió lo declara para ayudarles en su fé, y su testimonio es verdadero. El mismo sabe que dice la verdad para que ustedes tambien crean. Y esto sucedió para que se cumpliera la Escritura que dice: "No le quebraron ni un solo hueso," y en otra parte dice "Contemplarán al que traspasaron."

(Una pausa breve)

Después de esto, José, del pueblo de Arimatea, se presentó a Pilato. Era discípulo de Jesús, pero en secreto, por miedo a los Judíos. Pidió a Pilato la autorización para retirar el cuerpo de Jesús y Pilato se la concedió. Vino y retiró el cuerpo de Jesús. También vino Nicodemo, el que había ido de noche a ver a Jesús, trajo como cien libras de mirra perfumada y áloe. Envolvieron el cuerpo de Jesús con lienzos perfumados con esta mezcla de aromas, según la costumbre de enterrar de los Judíos.

Cerca del lugar donde crucificaron a Jesús, había un huerto y en el huerto un sepulcro nuevo, donde nadie había sido enterrado.

Aprovecharon entonces este sepulcro cercano para poner ahí el cuerpo de Jesús, porque estaban en la preparación del sábado solemne.

Cronista: Palabra del Señor.
Pueblo: **Gloria a Tí, Señor Jesús.**

Part II
El Santo Entierro de N.S. + J.C.

*After the conclusion of the Passion, the palanqueros return, bearing an image of the dead Savior (called the **Santo Entierro**). The procession of the palanqueros begins with a black candle and a drum (if possible) beating a slow, solemn cadence. The Santo Entierro is placed directly in front of the altar and the black candle is placed at the head.*

*Then the Women of Jerusalem (called the **Mujeres Piadosas**) enter. One of them is dressed as closely as possible to the Virgin of Sorrows (**La Virgen de la Soledad**). She stands close to the head of her Son and the women take their places around her and at her feet, sitting, kneeling or standing. She then gives the following reflection on what it meant for her to lose her divine Son. This is called the **Pasión de María**. This version may be used in whole or in part or may simply serve as a model.*

La Pasión de María:
Era muy temprano en la mañana ... lo recuerdo muy bien.
Muy de mañana, cuando realicé lo que le iba a pasar a mi Hijo.

Después de que lo tomaron preso en el Huerto, le pedí a Pedro que me acompañara al Palacio del Gran Sacerdote. Me mantuve cerca de Pedro porque estaba segura de que él no dejaría solo a mi Hijo.

Pero Pedro no quizo ir más allá del patio. *(Una pausa breve)*
Le supliqué que se acercara mas, pero él solo me hizo a un lado; así que solo ví a Jesús por un segundo.

Después lo estuve buscando. Me fuí por todos los oscuros callejones buscando a la Luz de mis Ojos. Le busqué entre los pobres y los cojos, los perdidos y los solitarios, pero ellos solo me pudieron decir que se habían llevado a mi Hijo ante Pilato.

Fué ahí donde lo encontré de nuevo.

Pilato lo sacó afuera y lo hizo que se parara delante de la gente. "Miren como he coronado a su Rey," dijo Pilato. "¿Qué debo hacer con Él ahora?" Pilato les preguntó. Y todos gritaron que debía caminar hacia el Calvario para ser crucificado ahí.

¡Pero *era de mi Hijo* de quien estaban hablando!
el bebé que yo amamanté; al que cargué hasta que tuvo edad para

caminar. "¿Porqué debe caminar hacia el Calvario?"
¿Qué crimen ha cometido para que sufra? *(Una pausa breve)*

"¡Miren como he vestido a su Rey para su coronación!" dijo Pilato. Y ví a mi Pequeño, mi Hijo, vestido con ridiculéz y coronado con espinas. "¿Le van a permitir que reine entre ustedes?" Pilato le preguntó a la gente. ¿Van a dejar que Éste sea su Señor?"

Cuando él preguntó ésto, los soldados empezaron a burlarse de mi Hijo. Un hombre lo empujó hacia Pilato, pero otro le metió el pié para que se cayera ... Al caerse, un tercer soldado lo jaloneó del brazo, torciéndoselo hacia atrás cruelmente.

Creo que le han quebrado el hombro, pero mi Jesús no dijo nada.

(Una pausa)

Cuando lo jalaron para que se pusiera delante de Pilato nuevamente, el Procurador dijo: "¡Qué lástima de Rey tienen ustedes los Judios! ¿Fué Éste él que dió de comer a cinco mil gentes, y no tuvo la suficiente sensatéz para comer antes de venir para su coronación?"

"¿Fué Él quien curó al ciego? Miren qué poco puede ver, ahora que sus ojos estan casi cerrados por los golpes."

"¿Les soltaré libre a su Rey?" Pilato ofreció. *(Una pausa breve)*
Pero la gente pedía a Barrabás en su lugar.

Intenté salvarlo — mi Hijo quien salvó a Lázaro — pero la muchedumbre era grande y muy fuertes sus gritos. Nadie me vió; nadie me escuchó. Estaba perdida entre la gente, mientras ellos ponían la pesada cruz en los hombros de mi Jesús.

Estaba yo *tan* sola.

Busqué a Pedro y Andrés. Pero nunca los ví. Buscaba a Santiago y ví a Juan entre la gente, pero nadie vino a ayudarme.
A nadie le importábamos- ni mi Hijo, ni yo.

Los ciegos a quienes abrió los ojos, no quisieron ver como los soldados lo paleaban de lado a lado mientras que Él luchaba bajo el peso de la cruz.

Los sordos que Él curó, no vinieron para escuchar como le insultaban y le arremedaban cada vez que Él caía al pavimento. *(Una pausa breve)*

Nos encontramos solo una vez en el camino al Calvario.
Me abrí paso entre la gente y le llamé por su nombre.

Cuando Jesús escuchó mi voz, se detuvo. Por un momento cuando nos encontramos y nos miramos a los ojos, creo que entendí *porqué* Él sufría todo esto y *por quién* lo sufría.

Pero si Él soportaba todo esto por la gente que Él amaba, ¿Porqué ellos no podían amarlo a Él? Si Él estuvo dispuesto a extender sus brazos para cargar la cruz, ¿porqué no hubo nadie que le ofreciera su mano o su brazo para aliviar el peso de la cruz en su hombro quebrado?

Me empezé a preguntar: ¿"Porqué este martirio? ¿esta crueldad indecible? ¿esta crucifixión?" Pero ellos lo empujaron hacia adelante y la pregunta murió dentro de mí.

¿Puedes comprender cómo me sentí? *(Una pausa breve)*
¿Cuán *sola*? ¿Cuán *inútil*?

Yo lo cargué cuando era pequeño y nunca lo dejé caer. Lo protegí todo el tiempo que estuvo a mi cuidado. Pero después de que José murió y Jesús dejó Nazaret, ¿qué pude hacer?

Solamente si tú eres madre también, podrás entender lo que significa perder un Hijo. Solo si tú has amado con todo el corazón y con todas tus fuerzas podrás entender lo que yo sentí cuando lo ví hoy en su camino hacia el Calvario. *(Una pausa breve)*

No pude levantar un solo dedo para salvarlo — a Él, Quien vino a salvarnos. *(Una pausa)*

¿Puedo hablarte de lo que experimenté en el Calvario? ¿Cómo se apreciaba todo ahí?

Primero los soldados lo desnudaron. Ellos se reían vulgarmente al verlo avergonzado y desnudo delante de toda la gente. Yo también lo ví. Pero yo soy su *madre*. Así que lo que ví fueron sus heridas, los moretones — yo no lo veía para que se avergonzara. Yo solo ví donde lo lastimaron, donde lo golpearon. Su espalda tenía grietas profundas y sangrantes; su cara desfigurada por el dolor y la sangre.

¿Sabes que pude oler su Sangre? Por un tiempo estuve lo suficientemente cerca para sentir el olor a cobre que emanaba de su piel hasta el punto de impresionarme con su intensidad.

(Pausa pequeña)

Cuando ellos clavaron sus manos, los soldados traspazaron una vena. La sangre saltó tan fuerte que llenó al centurion bañándolo de rojo brillante. Se empezó a limpiar la sangre, pero luego dejó de hacerlo. Yo no sé porqué, pero ya jamás intentó limpiarse.

Yo recuerdo qué tan frío estaba allá en el Calvario. El sol se apagó. Y el viento se soltó y yo me quedé ahí por horas esperando que Él me viera ahí parada. ¿Tú crees que Él sintió el frío también? Ellos agarraron su túnica y se la rifaron para que uno de ellos se la llevara a casa después de que mi Hijo ... *(una pausa breve)* ... finalmente muriera.

Me supongo que Él hubiera usado este manto para cubrirse del frío, pero a lo mejor no era el frío lo que Él sentía, tanto como la soledad, la ansiedad de sentirse *traicionado* por Judas,
    negado por Pedro,
    abandonado por los doce,
    burlado por los sumos sacerdotes, y
    rechazado por su propia gente.

Él vino a los suyos, pero los suyos no lo recibieron. El vino como el Justo, mi pequeña oveja, pero ellos lo llevaron al matadero.

(Una pausa larga — entonces muy despacio, casi en un susurro)

Al final, muy difícilmente podía respirar, apenas unos pequeñísimos suspiros, solo sonidos realmente. Salían de lo más profundo de su Ser, pero su Cuerpo estaba tan torcido en la cruz, que no recibía nada de aire.

Fueron solo varios pequeños carraspeos, después solo algunos …
(una pausa breve)
Hasta que ya no hubo nada.

Su Cuerpo se cimbró en la cruz. Yo no sabía si todavía estaba vivo o si ya había muerto, pero su cuerpo seguía maviéndose en los clavos; su cabeza aventó hacia atrás y estaba viendo derecho hacia el cielo hacia su Padre.

(pausa)

Y así terminó.

*When this is finished, the Virgin kisses her Son and the women place flowers and candles around the image of the **Santo Entierro**. Then they leave the sanctuary. The celebrant, who during the Pasión has been seated in his chair, then comes forward to arrange the shroud. While he does that he recites audibly the act of contrition. (Use the version which follows or another. There are many.)*

Celebrant: Señor mío, Jesucristo, Dios y hombre verdadero,
me pesa de todo corazón de haberte ofendido,
porque he merecido el infierno y he perdido el cielo,
y sobre todo, porque te he ofendido a tí, Señor,
tú que eres tan bueno y que tanto me amas,
y a Quien yo quiero amar sobre todas las cosas.

Propongo, firmemente, con tu gracia,
enmendarme, alejarme de las ocasiones de pecar, confesarme y cumplir la penitencia.

Confío me perdonarás por tu infinita misericordia. Amén.

*After arranging the shroud, the celebrant leaves the sanctuary and returns to his kneeler. The commentator (or **monitor**) invites the congregation to come forward to take their leave of Christ. This is an important moment and should not be rushed.*

Commentator: Roconociendo que Cristo cumplió como ser humano, con la muerte, nos acercamos en completo silencio y reverencia a su féretro para despedirle.

This veneration may be done in silence or hymns may be sung. After this period of veneration, the palanqueros return to the sanctuary and remove the Santo Entierro. If it can *be arranged, the people can follow the image of the shrouded Santo Entierro outside. This is called the **La Procesión en Silencio** (but see page 88). The procession can wind around the church or even down city streets, finally returning to the church building. The people return to their places; then the Mujeres Piadosas enter the sanctuary a second time, carrying an image of the Virgen de la Soledad. The actual **pésame** begins here.*

Part III
El Pésame a la Virgen de la Soledad

If an image of the Virgen de la Soledad is not available, an image of Our Lady of Sorrows or even of Our Lady of Guadalupe can be substituted. This image is placed in the sanctuary, in front of the altar, off to one side, but not in the center.

*The celebrant is the first to come and offer his condolences (the **pésame**) to the Virgin on the loss of her Son. He says in a clear voice:*

Celebrant: Me pesa, Madre, que por motivo de mis pecados, hayas perdido a tu único Hijo, Jesucristo.

Then the other ministers come forward to offer pésame. Meanwhile, the commentator invites the congregation to come forward to offer their condolences.

Commentator: María es el mejor ejemplo de fidelidad a Cristo, porque cuando todos los apóstoles huyeron, ella se quedó al pie de la cruz, sufriendo con su Hijo los tormentos inauditos. Pero María es también la Madre del Crucificado. Ella sufrió la pérdida de su único Hijo y lo vió atormentado, clavado y crucificado para redimirnos.

Acompañemos a María en su dolor, ofrescámosle todo lo que nosotros en este momento estamos padeciendo, ya sea por algún hijo que se haya perdido por la drogas o el alcoholismo, o por un hijo ya alejado de Dios, o por hijos con problemas matrimoniales.

Si quieren, pasen al frente. Las palabras con que ofrecemos el pésame son:

Me pesa, Madre, que por motivo de mis pecados, hayas perdido a tu único Hijo, Jesucristo.

Que vengan todos: hombres y mujeres, ancianos y jóvenes, niños y niñas. No tarden a compadecer a su Madre Dolorosa.

There is no formal conclusion, no dismissal or final blessing. The celebrant may leave after he has given his pésame or he may stay with the deacons and servers to stand beside the image of Our Lady and keep it from being tumbled over.

The veneration may be done in silence or this hymn, the Stabat Mater in Spanish, may be sung. Other appropriate songs may also may be sung.

Madre Llena de Aflicción

Coro: *Madre llena de aflicción, de Jesucristo las llagas*
             Grabad en mi corazón.

1. Pilato firma contra me dueño
   que muere infame, en un madero.

2. Ya la cruz carga mi Nazareno;
   ¡Ay! que mis culpas son aquel peso.

3. Lo postra en tierra la santa cruz
   gime y suspira el buen Jesús.

4. La Santa Madre encuentra tierno
   y queda herido de ambos el pecho.

5. Lleva la cruz y fatigado:
   por Cirineo es ayudado.

6. Mujer piadosa le ofrece un lienzo;
   su Rostro santo recibe en premio.

7. La cruz sus hombros los ha llagado;
   segunda vez, es ya postrado.

8. A los que lloran por sus tormentos,
   que lloren, manda, por sí y sus deudos.

9. Tres veces postra el duro leño
   en tierra al Hijo del Padre Eterno.

10. Ya en el Calvario le desnudaron;
    Vino le dieron, con hiel mezclado.

11. Con duros clavos, en trono acerbo
    clavan verdugos al Dios del cielo.

12. De la cruz hace cátedra el Verbo
    dando doctrina al universo.

13. De aquel cadalso, ya trono regio
    clavan verdugos al Dios del cielo.

14. Y en un sepulcro del todo nuevo
    aquel santuario queda cubierto.

Common Prayers and Devotions

*No más cuando truena
se acuerdan de Santa Bárbara.*

*A very common way for Hispanic Catholics to express the personal quality of their spiritual relation with Our Lady and the saints is to **"prometer una manda"** or **"ofrecer una promesa"**; that is, to promise to do something, usually arduous and almost always something public, in gratitude to God for the favor which He has so generously granted through the intercession of Our Lady or one of the saints.*

The devotional life of the Hispanic Catholic is artfully balanced between the sacramental and liturgical life of the Church *(with its strictures and requirements)* and those traditional customs and practices which appear to offer a more intimate *(and certainly more immediate)* access to the divine power.

These pious customs take an amazing variety of forms from those officially sanctioned by the Church (such as scapulars, the use of holy water or blessed candles, and novenas to various popular saints) to those practices which, by their insistence on certain patterns and repetitions as a condition of success, are really more magical than prayerful. (Two such Mexican charms or *encantos* are printed on page 116 as an example of what you might find.)

What characterizes these popular devotions is that the supplicant recognizes the power inherent in an object or conceded to it by its having been blessed, while identifying himself or herself as powerless and needy. Thus the dynamic which animates this vast range of popular pieties is the transfer of power, healing and protection.

When the object of devotion is a saint, that transfer of power can involve a life-long commitment on both parties' parts, such that the petitioner promises to spend his or her life in making the saint better known and honored while the saint becomes

The Cross of Caravaca

A very popular charm, seen all over Latin America, the Cross of Caravaca is an oddly shaped double barred cross with the figure of Christ flanked by two hovering angels. The arms of Christ are nailed to the upper beam and the lower beam extends well beyond it, making the cross resemble the Cross of Lorraine or a Patriarchal Cross.

This seems to confirm the traditional belief that the original "Vera Cruz de Caravaca" was a reliquary containing a fragment of the true cross. This reliquary belonged to the Latin rite Patriarch of Jerusalem in the 11th century but eventually surfaced in Spain during the reign of King Alfonso X (13th century).

Credited with many miracles of conversion, the cross became the object of intense devotion and this devotion was brought to the New World by Carmelite and Jesuit missionaries as an aid in evangelizing the Native population.

Unfortunately in many parts of Latin America the cross has become a simple good luck charm and use of the cross has become synonymous with "brujería."

a dependable and undemanding *patrón* in this life and in the life to come.

This *patronaje* is thus of mutual benefit and many popular prayers carefully articulate why it would be in the best interest of the saint to promptly hear and answer the prayer which his client presents. Novena prayers to Saint Jude Thaddeus, for example, often begin by reminding the saint that the similarity of his name and that of Iscariot has caused him a great loss of esteem, which could easily be remedied by having faithful clients — like the suppliant — who will spend his life gratefully correcting this confusion! *(See page 135.)*

Encantos, on the other hand, rely for their success on the correct repetition of a formula, often accompanied by a repeated action. In this charm, for example, repeated crosses are traced on an infected wound to keep the infection from spreading:

> En el nombre de (+) Dios Padre, y del (+) Hijo de Dios, y de San Marcial (ı) que ni por fuera (+), ni por dentro (+) le hagas ningún mal (+).

This charm against angina has to be repeated three times in three days:

> En Belén hay tres niñas: una cose, una hila y otra cura las anginas. Una hila otra cose y otra cura el mal traidor.

EL ROSARIO SENCILLO
The traditional method of praying the Rosary

Don't be confused by the numerous pamphlets explaining how to pray the rosary in Spanish. While their translations of the prayers are helpful, what you really need to learn is the traditional manner of praying the rosary.

The traditional Hispanic method differs from our manner in three important areas: the Act of Contrition replaces the Apostles' Creed as the opening prayer; there are additional prayers inserted after each decade; and the final Hail Mary's are recited in a Trinitarian formula.

Begin with the Sign of the Cross:
Por la señal de santa cruz *(Make the small sign of the cross on your forehead)*, **de nuestros enemigos** *(make the small sign of the cross on your lips)*, **líbranos, Señor, Dios nuestro** *(make a third small sign of the cross over your heart)*, **en el nombre del Padre y del Hijo y del Espíritu Santo.** *(Cross the thumb of your right hand over the index finger and make a large sign of the cross, being sure to kiss the knuckle on your thumb as you conclude.)* **Amén.**

Then, holding the medal where the rosary is joined, you begin the Act of Contrition:
Señor mío, Jesucristo, Dios y hombre verdadero, me pesa de todo corazón de haberte ofendido, porque he merecido el infierno y he perdido el cielo, y sobre todo, porque Te he ofendido a Tí, Señor, Tú que eres tan bueno y que tanto me amas, y a Quien yo quiero amar sobre todas las cosas.

Propongo, firmemente, con tu gracia, enmendarme, alejarme de las ocasiones de pecar, confesarme y cumplir la penitencia.

Confío me perdonarás por tu infinita misericordia. Amén.

Then:
Celebrant: **Abre, Señor, mis labios.**
People: Y mi boca proclamará tus alabanzas.

Celebrant: **Para alabar y bendecir tu santo nombre y él de la santísima Virgen María.**

Each of the mysteries in then announced, just as we would in English. Each decade consists of one Our Father, ten Hail Mary's and the Glory Be. (See page 132.)

Celebrant: *Padre Nuestro …*
Dios te salve, María … (10x)
Gloria al Padre y el Hijo …

This ejaculation normally completes each decade:
Celebrant: *María, Madre de Gracia y Madre de Misericordia,*
People: En la vida y en la muerte, ampáranos, Oh Gran Señora.

If you wish to add the Fatima Prayer, it begins:
Oh Jesús mío, perdona nuestros pecados, líbranos del fuego del infierno. Conduce las almas al cielo, especialmente las que más necesitan de tu misericordia. Amén.

Los Misterios GOZOSOS
(The joyful mysteries are prayed on Mondays and Saturdays.)

1. La Encarnación del Hijo de Dios
   (Intención de descubrir la humildad)
2. La Visitación de María Santísima a su prima Isabel
   (Intención de tener más amor al prójimo)
3. El Nacimiento de nuestro Señor Jesucristo
   (Intención de obtener un espíritu de pobreza)
4. La Presentación de Jesús en el templo
   (Intención de ser más obediente a la voluntad de Dios)
5. El Niño Jesús perdido y hallado en el Templo
   (Intención de ser fieles a nuestra vocación)

Los Misterios LUMINOSOS
(The new luminous mysteries are prayed on Thursdays.)

1. Jesús es bautizado por Juan
   (Intención de ser mas fiel a nuestros votos bautismales)
2. El primer milago de Jesús en las bodas en Caná de Galilea
   (Intención de 'hacer lo que Jesús nos diga')
3. Jesús proclama el Reino de Dios
   (Intención de confiar más y más en la Divina Providencia)
4. La Transfiguración del Señor
   (Intención de escuchar la Voz de Dios Padre en mi vida diaria)
5. Jesús instituye la Sagrada Eucaristía
   (Intención de ser mas devoto a Cristo Sacramentado)

Los Misterios DOLOROSOS
(The sorrowful mysteries are prayed on Tuesdays and Fridays.)

1. La Oración de Jesús en el huerto
   (Intención de tener un espíritu de oración)
2. La Flagelación de Jesús a la columna
   (Intención de guardar modestia y pureza)

3. La Coronación de espinas
   (Intención de ser valientes en nuestro sufrimiento personal)
4. Jesús con la cruz a cuestas
   (Intención de guardar paciencia en todas nuestras dificultades)
5. La Crucifixión y muerte de nuestro Señor Jesucristo
   (Intención de perserverar un espíritu de abnegación)

Los Misterios GLORIOSOS
(The glorious mysteries are prayed on Wednesdays and Sundays.)
1. La Resurrección de nuestro Señor Jesucristo
   (Intención de perserverar en la fe hasta la muerte)
2. La Ascención de Jesús al cielo
   (Intención de vivir en la esperanza de obtener el cielo)
3. La Venida del Espíritu Santo sobre los Apóstoles
   (Intención de fortalecer la sabiduría, amor, celo y fortaleza)
4. La Asunción de la Siempre Vírgen María al cielo
   (Intención de ser dignos de la felicidad eterna)
5. La Coronación de María Santísima, "Reina de Cielo y Tierra"
(Intención de desarollar en nuestra devoción a María)

The rosary is finished in the following manner. Begin on the first bead which leads from the medal to the crucifix (where we would be accustomed to praying the Glory Be) and say the Lord's Prayer:

> **Padre Nuestro …**

Then on the three following beads, three Hail Mary are prayed in honor of the Trinity and for an increase of the three theological virtues. You say on the first bead:

Celebrant: **Para que se aumente nuestra fe:**
Dios te salve María Santísima – *hija de Dios Padre y Vírgen Purísima antes del parto; en tus manos ponemos nuestra fe para que la ilumines* – **llena eres de gracia, el Señor es contigo; bendita tú eres entre todas las mujeres y bendito es el fruto de tu vientre, Jesús.**

People: Santa María, Madre de Dios, ruega por nosotros pecadores ahora y en la hora de nuestra muerte. Amén.

On the second bead, begin:

Celebrant: **Para que se aumente nuestra esperanza:**
Dios te salve María Santísima – *Madre de Dios Hijo y Vírgen Purísima en el parto; en tus manos ponemos nuestra esperanza para que la alientes* – **llena eres de gracia, el Señor es contigo; bendita tú eres entre todas las mujeres y bendito es el fruto de tu vientre, Jesús.**

People: Santa María, Madre de Dios, ruega por nosotros pecadores ahora y en la hora de nuestra muerte. Amén.

On the third bead, pray:
Celebrant: **Para que se aumente nuestra caridad:**
Dios te salve María Santísima – *Esposa de Dios Espíritu Santo y Vírgen Purísima después del parto; en tus manos ponemos nuestra caridad para que la inflames, nuestras necesidades para que las remedies y nuestras almas para que las salves* – **llena eres de gracia, el Señor es contigo; bendita tú eres entre todas las mujeres y bendito es el fruto de tu vientre, Jesús.**

People: Santa María, Madre de Dios, ruega por nosotros pecadores ahora y en la hora de nuestra muerte. Amén.

On the final bead before the crucifix, you add:
Celebrant: **Dios te salve María Santísima, Templo y Sagrario de la Beatísima Trinidad, Vírgen concebida sin pecado original.**

Next the Salve Regina is prayed:
Celebrant: **Dios te Salve, Reina y Madre; Madre de misericordia; vida, dulzura y esperanza nuestra. Dios te salve; a tí llamamos — los desterrados hijos de Eva; a tí suspiramos, gimiendo y llorando en este valle de lágrimas.**

Ea, pues, Señora, abogada nuestra, vuelve a nosotros ésos tus ojos misericordiosos. Y después de este destierro, muéstranos a Jesús, fruto bendito de tu vientre. ¡Oh clemente! ¡Oh piadosa! ¡Oh dulce Virgen María!

Celebrant: **Ruega por nosotros, ¡Oh Santa Madre de Dios!**
People: Para que seamos dignos de alcanzar las promesas de nucstro Señor Jesucristo. Amén.

Celebrant: **Oremos:**
¡Oh Dios! cuyo Hijo Unigénito, que, con su vida, muerte y resurrección nos granjeó el premio de la vida eterna, te suplicamos que al meditar en los misterios del santo Rosario, podamos imitar lo que contienen y alcanzar lo que prometen. Por el mismo Jesucristo, nuestro Señor.
People: Amén.

Our Lady of Soledad of Oaxaca
Contemporary oil on metal
México

Plate 9

Our Lady "Untier of Knots"

 1

 2

 3

1) Our Lady of Copacabana
2) Our Lady of Andacollo
3) Our Lady of Charity of the Cove

Plate 10

Our Lady of Lajas
Colombia

Our Lady of the Rosary of Quito
Contemporary, antiqued oil on canvas
Quito, Ecuador

La Purísima Concepción de la Virgen María
Mid 19th century, oil on tin
Mexico

Saint Joseph and the Divine Child *(detail)*
Mid to late 19th century, oil on tin
Guanajuato, Mexico

San Juan Nepomuceno
"Patron Saint of the Seal of the Confessional"
**Mid to late 19th century, oil on tin
México**

Saint Ignatius Loyola
Alfredo Rodríguez, 1996, San Antonio, Texas
Painted in the typical New Mexican/Texan santero style

NOVENA AL
DIVINO NIÑO JESUS

As He is venerated in Colombia

Even though devotion to the Child Jesus will be specific to a well known image, the Child of Atocha, for example, or the Infant of Prague, what Hispanics venerate in their devotion to the Child Jesus is the very infancy of Jesus, His innocence, vulnerability and simplicity — all very important virtues among Hispanic families. Above everything else, devotion to the Child Jesus recalls the obedience that the Child demonstrated to His parents and the parental authority which Our Lady and St. Joseph exercised over Him as He grew.

Celebrant: En el nombre del Padre y del Hijo y del Espíritu Santo.
People: Amén.

These two prayers begin each day of the novena:

OPENING PRAYER
Together: Señor Dios, Rey Omnipotente, en tus manos están puestas todas las cosas. Si quieres salvar a tu pueblo nadie puede resistir a tu voluntad. Tú hiciste el cielo y la tierra y todo cuanto en ellos se contiene. Tú eres el dueño de todas las cosas. ¿Quién podrá, pues, resistir a tu majestad?

Señor, Dios de nuestros padres, ten misericordia de tu pueblo porque los enemigos del alma quieren perdernos y las dificultades que se nos presentan son muy grandes. Tú has dicho "Pedid y se os dará. Él que pide recibe. Todo lo que pidáis al Padre en mi Nombre os lo concederá. Pero pedid con fe."

Escucha, pues, nuestras oraciones, perdona nuestras culpas. Aleja de nosotros los castigos que merecemos y haz que nuestro llanto se convierta en alegría para que viviendo, alabemos tu santo nombre y continuemos alabándolo eternamente en el cielo. Amén.

PRAYER TO OUR LADY

Together: Acuérdate, oh piadosísima Virgen María, que jamás se ha oído decir que alguno de cuantos han acudido a tu protección e implorado tu socorro, haya sido abandonado de tí. Animados por esta confianza, a tí acudimos, y aunque agobiados bajo el peso de nuestros pecados, nos atrevemos a implorar tu favor, pues, eres abogada de los pecadores y auxilio de los cristianos.

No desheches, Oh Madre de Dios, nuestras humildes súplicas, más bien, alcánzanos el perdón de nuestros pecados, luz y acierto para hacer una buena confesión de todos ellos, virtud para conservar siempre la gracia de Dios y con tu auxilio, conseguir nuestra eterna salvación.

Y si conviene para el bien de nuestras almas, pedimos los siguientes favores *(people may mention their petitions here)* y deseamos que en todo se cumpla la voluntad de Dios. Amén.

Then the customary three prayers follow: (See page 132.)
Celebrant **Padre Nuestro**… **Ave María**… and **Gloria al Padre**…

The reading for each day is taken from the Gospel:
First Day *(Luke 1: 26-29)*

A los seis meses, Dios mandó al ángel Gabriel a un pueblo de Galilea, llamado Nazaret, donde vivía una joven llamada María; era virgen, pero estaba comprometida para casarse con un hombre llamado José, descendiente del rey David. El ángel le dijo
– ¡Salve, llena de gracia! El Señor está contigo.
María se sorprendió de estas palabras, y se preguntaba qué significaría aquel saludo.

Second Day *(Luke 1: 30-33)*
El ángel le dijo:
– María, no tengas miedo, pues tú gozas del favor de Dios. Ahora vas a quedar encinta: tendrás un hijo, y le pondrás por nombre Jesús. Será un gran hombre, al que llamarán Hijo del Dios altísimo, y Dios el Señor lo hará Rey, como a su antepasado David, para que reine para siempre sobre el pueblo Jacob. Su reinado no tendrá fin.

Third Day *(Luke 2: 1, 3-7)*
Por aquel tiempo, el emperador Augusto ordenó que se hiciera un censo de todo el mundo. Todos tenían que ir a inscribirse a su propio pueblo. Por esto, José salió del pueblo de Nazaret, de la región de Galilea, y se fue a Belén, en Judea, donde había nacido el rey David, porque José era descendiente de David. Fue allá a inscribirse, junto con María que se encontraba encinta. Y sucedió que mientras estaban en Belén, le llegó a María el tiempo de dar a luz. Y allí nació su hijo primogénito, y lo envolvió en pañales y lo acosto en el establo, porque no había alojamiento para ellos en el mesón.

Fourth Day *(Luke 2: 21-31)*
A los ocho días circuncidaron al niño y le pusieron por nombre Jesús, el mismo nombre que el ángel le había dicho a María antes que ella estuviera encinta. Cuando se cumplieron los días en que ellos debían purificarse según la ley de Moisés, llevaron al niño a Jerusalén para presentárselo al Señor. Lo hicieron así porque en la ley del Señor está escrito: "Todo primo hijo varón será consagrado al Señor." Fueron, pues, a ofrecer en sacrificio lo que manda la ley del Señor: un par de tórtolas o dos pichones de paloma.

En aquel tiempo vivía en Jerusalén un hombre que se llamaba Simeón. era hombre justo y piadoso, que esperaba la restauración de Israel. El Espíritu Santo estaba con Simeón y le había hecho saber que no moriría sin ver antes al Mesías, a quien el Señor enviaría. Guiado por el Espíritu Santo, Simeón fue al templo; y cuando los padres del niño Jesús lo llevaron también a él, para cumplir con lo que la ley ordenaba, Simeón lo tomó en brazos y alabó a Dios, diciendo

– Ahora, Señor, tu promesa está cumplida; puedes dejar que tu siervo muera en paz. Porque ya he visto la salvación que has comenzado a realizar a la vista de todos los pueblos, la luz que alumbrará a las naciones y que será gloria de tu pueblo, Israel.

Fifth Day *(Matthew 2: 1-12)*
Jesús nació en Belén, un pueblo de la región de Judea, en el tiempo en que Herodes era rey del país. Llegaron entonces a Jerusalén unos sabios del Oriente que se dedicaban al estudio de las estrellas, y preguntaron:
– ¿Dónde está el rey de los Judios que ha nacido? Pues vimos salir su estrella y hemos venido a adorarlo.

El rey Herodes se inquietó mucho al oír esto.

Sixth Day *(Luke 2: 41-51)*
Los padres de Jesús iban todos los años a Jerusalén para la fiesta de la Pascua. Y así, cuando Jesús cumplió doce años, fueron allá todos ellos, como era costumbre en esta fiesta. Pero pasados aquellos días, cuando volvían a casa, el niño Jesús se quedó en Jerusalén, sin que sus padres se dieran cuenta. Pensando que Jesús iba entre la gente, hicieron un día de camino; pero luego, al buscarlo entre los parientes y conocidos, no lo encontraron. Así que regresaron a Jerusalén para buscarlo allí.

Al cabo de tres días lo encontraron en el templo, sentado entre los maestros de la ley, escuchándolos y haciéndoles preguntas. Y todos los que lo oían se admiraban de su inteligencia y de sus respuestas. Cuando sus padres lo vieron, se sorprendieron; y su madre le dijo:
– Hijo mío, ¿por qué nos has hecho esto? Tu padre y yo te hemos estado buscando llenos de angustia.

Jesús les contestó:
– ¿Por qué me buscaban? ¿No sabían que tengo que estar en la casa de mi Padre?

Pero ellos no entendieron lo que les decía. Entonces volvió con ellos a Nazaret, donde vivió obedeciéndolos en todo. Su madre guardaba todo esto en su corazón. Y Jesús seguía creciendo en sabiduría y estatura y gozaba del favor de Dios y de los hombres.

Seventh Day *(Matthew 25: 31-40)*
Cuando el Hijo del hombre venga, rodeado de esplendor y de todos sus ángeles, se sentará en su trono glorioso. La gente de todas las naciones se reunirá delante de él, y él separará unos de otros, como el pastor separa las ovejas de las cabras. Pondrá las ovejas a su derecha y las cabras a su izquierda. Y dirá el Rey a los que estén a su derecha: "Vengan ustedes, los que han sido bendecidos por mi Padre; reciban el reino que está preparado para ustedes desde que Dios hizo el mundo. Pues, tuve hambre, y ustedes me dieron de comer; tuve sed, y me dieron de beber; anduve como forastero, y me dieron alojamiento. Estuve sin ropa, y ustedes me la dieron; estuve enfermo, y me visitaron; estuve en la cárcel, y vinieron a verme." Entonces los justos preguntarán: "Señor, ¿cuándo te vimos con hambre, y te dimos de comer? ¿O cuándo te vimos con sed, y te dimos de beber? ¿O cuándo te vimos como forastero, y te dimos alojamiento, o sin ropa y te la dimos? ¿O cuándo te vimos enfermo o en la cárcel, y fuimos a verte? El Rey les contestará: "Les aseguro que todo lo que hicieron por uno de estos hermanos míos más humildes, por mí mismo lo hicieron."

Eighth Day *(Luke 17: 11-19)*
En su camino a Jerusalén, pasó Jesús entre las regiones de Samaria y Galilea. Y llegó a una aldea, donde le salieron al encuentro diez hombres enfermos de lepra, los cuales se quedaron lejos de él gritando:
– ¡Jesús, Maestro, ten compasión de nosotros!
Cuando Jesús los vio, les dijo:
– Vayan a presentarse a los sacerdotes.
Y mientras iban, quedaron limpios de su enfermedad. Uno de ellos, al verse limpio, regresó alabando a Dios a grandes voces, y se arrodilló delante de Jesús, inclinándose hasta el suelo para darle las gracias. Este hombre era de Samaria. Jesús dijo:
– ¿Acaso no eran diéz los que quedaron limpios de su enfermedad? ¿Dónde estan los otros nueve? ¿Unicamente este extranjero ha vuelto para alabar a Dios?

Y dijo al hombre:
– Levántate y vete; por tu fe has sido sanado.

Ninth Day *(John 1: 1-5, 9-14)*

En el principio ya existía la Palabra; y aquel que es la Palabra estaba con Dios y era Dios. Él estaba en el principio con Dios. Por medio de él, Dios hizo todas las cosas; nada de lo que existe fue hecho sin él. En él estaba la vida, y la vida era luz de la humanidad. Esta luz brilla en las tinieblas, y las tinieblas no han podido apagarla.

La luz verdadera que alumbra a toda la humanidad venía a este mundo. Aquel que es la Palabra estaba en el mundo; y aunque Dios hizo el mundo por medio de él, los que son del mundo no lo reconocieron. Vino a su propio mundo; pero los suyo no lo recibieron. Pero a quienes lo recibieron y creyeron en él, les concedió el privilegio de llegar a ser hijos de Dios. Y son hijos de Dios, no por la naturaleza, ni los deseos humanos, sino porque Dios los ha engendrado. Aquel que es la Palabra se hizo hombre y vivió entre nosotros. Y hemos visto su gloria, la gloria que recibió del Padre, por ser su Hijo único abundante en amor y verdad.

*Gozos is a very common word for a hymn of praise. Another common word you will encounter is **alabanzas** or **alabados**. This hymn **Los Gozos al Niño Jesús** is sung each day of the novena before the final prayer.*

Los Gozos al Niño Jesús

> *Coro:* Oh Divino Niño, mi Dios y Señor,
> Tu serás el dueño, de mi corazón.

1. Niño amable de mi vida, consuelo de los Cristianos,
   La gracia que necesito, pongo en tus benditas manos.

> *Coro:* Oh Divino Niño...

2. Tú que sabes mis pesares, pues todo te los confío,
   Da la paz a los turbados y alivio al corazón mío.

> *Coro:* Oh Divino Niño...

3 Y aunque tu amor no merezco, no recurriré a tí en vano,
pues eres Hijo de Dios, y consuelo del Cristiano.

Coro: Oh Divino Niño...

4 Acuerdate, Oh Niño Santo, que jamás se oyó decir,
Que alguno te haya implorado, sin tu auxilio recibir.

Coro: Oh Divino Niño...

5 Por eso, con fe y confianza, humilde y arrepentido,
Lleno de amor y confianza, tu protección te pido.

Coro: Oh Divino Niño...

Each day's novena ends with the same final prayer.

Oración Final

Together: Acuérdate, oh dulcísimo Niño Jesús, que has dicho: "Todo lo que queráis pedir, pedidlo por los méritos de mi infancia y nada os será negado. Si queréis agradarme, confiad en mi. Si queréis agradarme más, confiad más. Si queréis agradarme inmensamente, confiad inmensamente en Mí. Según sea vuestra fe, así serán las cosas que os sucederán. Nada es imposible para quien tiene fe."

 Nosotros queremos confiar inmensamente en Tí. Por los méritos de tu infancia ayúdanos a llevar una vida santa, perdónanos nuestras culpas, líbranos de los castigos que merecemos por nuestros pecados, y de todos los peligros para el alma y el cuerpo; concédenos aquellos favores que más estamos necesitando, y después de una vida llena de paz, de alegría y de buenas obras, llévanos a la gloria del paraíso donde con el Padre y el Espíritu Santo, vives y reinas por los siglos de los siglos.

 Amén.

RITO PARA
LA BENDICIÓN DEL HOGAR
A Popular House Blessing

*The **Bendicional** has one version of a house blessing. This second version is also popular since each room in the house is blessed in turn and this seems more "complete" than the first.*

It is common to bless a house when it is first purchased or shortly after a family begins to occupy it; but then this blessing is not repeated, as in some communities — where a house may be blessed each year between Christmas and Epiphany. Among Spanish-speaking Catholics, a house blessing will ordinarily involve the immediate neighbors and many of the owners' compadres.

All the faithful should be gathered in a convenient part of the house where the priest can easily address the family, thank them for their invitation and explain the importance of these sacramental blessings. He should ask the family to have on hand a small quantity of salt, a small bowl of water (which the wife may carry) and a blessed candle (which the husband or head of the family may want to carry). The priest begins:

Celebrant: **Por la (+) señal de la santa cruz, de (+) nuestros enemigos, líbranos (+) Señor, Dios Nuestro, (+) en el nombre del Padre y del Hijo y del Espíritu Santo.**
People: Amén.

Celebrant: **La paz del Señor a esta casa, y a todos los aquí presentes.**
People: Y con tu espíritu.

Celebrant: Oremos:
Oh Dios, todopoderoso, fuente y origen de la vida del alma y cuerpo, bendice (+) esta agua que vamos a usar con fe para implorar el perdón de nuestros pecados y alcanzar la ayuda de tu gracia contra toda enfermedad y asechanza del enemigo.

Concédenos, Señor, por tu misericordia, que las aguas vivas siempre brotan salvadoras, para que podamos

acercarnos a tí con corazón limpio y evitemos todo peligro de alma y cuerpo. Amén.

The priest then blesses the salt before mixing it in with the water.

Celebrant: Te pedimos humildemente, Oh Dios todopoderoso, que te dignes bendecir (+) esta sal, del mismo modo que mandaste al profeta Eliseo que la arrojaste el agua para remediar su esterilidad.

Concédenos, Señor, que allí donde se derrame esta mezcla de sal y agua, sea ahuyentado el poder del enemigo y nos proteje siempre la presencia del Espíritu Santo. Por Jesucristo, nuestro Señor.

People: Amén.

The person carrying the candle leads everyone outside where they gather in front of the principal entrance to the house. The priest begins:

Celebrant: Señor, Dios nuestro, tú que vives en lo alto del cielo y te dignas vivir en el corazón del hombre, ven y bendice esta casa. Rodea esta familia con tu Espíritu y abarca sus paredes con tu Divina Providencia.

No permitas que el demonio se acerque; evita la entrada de Satanás. Manda un ángel de luz a cuidar esta familia y protéjelos siempre.

Then using the holy water, the celebrant inscribes the door with the sign of the cross, beginning with the vertical beam. As he traces it, he says:

Cristo, ayer y hoy

Then tracing the horizontal beam, he says:

Principio y fin

Drawing the Greek letter **A** *above the cross:*

'Alfa'

And the **Ω** *below the cross:*

y 'Omega'

Then in the upper left quadrant of the cross, he writes the number 2, while saying:

Suyo es el tiempo

Then in the upper right quadrant of the cross, writing the cipher 0, he says:

y la eternidad

Then in the bottom left quadrant of the cross, he writes the next number of the year, praying:

a Cristo sea la gloria y el poder

And finally in the bottom right quadrant, he writes the last number of the current year while he concludes:

por los siglos de los siglos.

To which all respond:

People: Amén.

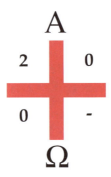

Then he concludes:

Celebrant: Bendice (+) este marco y a todos los que cruzan por él. Que todas nuestras idas y vueltas estén bajo el sello del Niño Jesús.

Again the candle leads the way back inside the house, followed by the priest and the faithful. Gathering in the front room or den, the priest sprinkles the room with holy water, while praying:

Celebrant: Señor Jesus, Buen Pastor, bendice esta sala. Que todo él que entre aquí pase días de paz y alegría. No permitas que la discordia los disturbe. Que el demonio no sorprenda a quienes confían en tí.

Going then room by room, in each BEDROOM, he prays:

Celebrant: Oh Señor, proteje a todos aquellos que duermen en este lugar. Que ellos se inclinen más y más a obedecerte tu santa voluntad para que algún día merezcan compartir con los santos el descanso eterno en el cielo.

in each BATHROOM:

Celebrant: Bendice, Oh Señor, este baño. Puesto que tú nos has dicho que nuestro cuerpo es el templo del Espíritu Santo, enséñanos a honrar ese lugar donde Él reside.

in the KITCHEN:

Celebrant: Bendice, también, esta cocina y los labores que se hagan aquí. Bendice las hierbas y especies, los platos y utencilios. Que todo quede santificado por la vida secreta de Jesucristo en Nazareth. Que ni el enojo ni la amargura envenenen nunca a los que comen en esta mesa.

Then going to the second (or back) door, the priest prays:

Celebrant: Que esta puerta siempre este abierta a los necesitados, ofreciendo refugio a los perdidos, protección al que tiene miedo y fe para los que dudan. Que la luz bendita del resplendor de Dios brille constantemente aquí y sobre todos los que viven en paz con Jesucristo, que vive y reina, con el Padre y el Espíritu Santo, un sólo Dios, por los siglos de los siglos.

People: Amén.

It is common to seal the back door with the holy name of Mary. Using the holy water, begin by inscibing a cross, tracing first the vertical and then the horizontal beam. Write the letters A M S P in the four quadrants, saying

Celebrant: Ave María purísima, sin pecado concebida.

The most
COMMON PRAYERS

The Sign of the Cross *(First form: called Santiguarse)*
En el nombre del Padre y del Hijo y del Espíritu Santo. Amén.

The Sign of the Cross *(Second form: called Persignarse)*
Por la señal de santa cruz *(Make the small sign of the cross on your forehead)*, de nuestros enemigos *(make the small sign of the cross on your lips)*, líbranos, Señor, Dios nuestro *(make a third small sign of the cross over your heart)*, en el nombre del Padre y del Hijo y del Espíritu Santo. *(Cross the thumb of your right hand over the index finger and make a large sign of the cross, being sure to kiss the knuckle on your thumb as you conclude.)* Amén.

The Our Father *(El Padre Nuestro)*
Padre Nuestro, que estás en el cielo, santificado sea tu nombre. Venga a nosotros tu Reino, hágase tu voluntad así en la tierra como en el cielo. Danos hoy nuestro pan de cada día y perdona nuestras ofensas como también nosotros perdonamos a los que nos ofenden. No nos dejes caer en la tentación, y líbranos del mal. Amén.

The Hail Mary *(El Dios te Salve, María* or *el Ave María)*
Dios te salve, María, llena eres de gracia; el Señor es contigo. Bendita tú eres entre todas las mujeres y bendito es el fruto de tu vientre, Jesús. Santa María, Madre de Dios, ruega por nosotros pecadores, ahora y en la hora de nuestra muerte. Amén.

The Doxology *(La Gloria)*
Gloria al Padre y al Hijo y al Espíritu Santo; como era en el principio, ahora y siempre, por los siglos de los siglos. Amén.

Prayer to Our Lady *(Oh Dulce Madre)*
Oh dulce Madre, no te alejes; tu vista de mí, no apartes; ven conmigo en todas partes y sólo nunca me dejes. Ya que me amas tanto, como verdadera madre, haz que me bendiga: el Padre (+) y el Hijo y el Espíritu Santo. Amén.

The Confiteor *(Yo Pecador)*
Yo confieso ante Dios todopoderoso, y ante ustedes, hermanos, que he pecado mucho de pensamiento, palabra, obra y omisión. Por mi culpa, por mi culpa, por mi gran culpa. Por eso ruego a santa María, siempre Virgen, a los ángeles, a los santos, y a ustedes, hermanos, que intercedan por mí ante Dios, nuestro Señor. Amén.

The Act of Contrition *(El Acto de Contrición)*
Señor mío, Jesucristo, Dios y hombre verdadero, me pesa de todo corazón de haberte ofendido, porque he merecido el infierno y he perdido el cielo, y sobre todo, porque te he ofendido a Tí, Señor, Tú que eres tan bueno y que tanto me amas, y a Quien quiero amar sobre todas las cosas. Propongo firmemente, con tu gracia, enmendarme y alejarme de las ocasiones de pecar, confesarme y cumplir la penitencia.

Confío me perdonarás por tu infinita misericordia. Amén.

Anima Christi *(el Anima Christi or el Alma de Cristo)*
Alma de Cristo, *¡Santifícame!* Cuerpo de Cristo, *¡Sálvame!* Sangre de Cristo, *¡Embriágame!* Agua del costado de Cristo, *¡Lávame!* Pasión de Cristo, *¡Confórtame!* Oh mi buen Jesús, *¡Óyeme!* Dentro de tus llagas, *¡Escóndeme!* No permitas, *¡que me separe de Tí!* Del enemigo malo, *¡defiéndeme!* En la hora de mi muerte, *¡llámame y mándame ir a Tí!* para que con tus ángeles y tus santos, *Te alabe por los siglos de los siglos. Amén.*

A Family Night Prayer *(Oración Familiar Nocturnal)*
Padre: ¿Quién en la casa da luz? *Familia:* ¡Es Cristo Jesús!
Padre: ¿Quién la llena de alegría? *Familia:* ¡Es la Virgen María!
Padre: ¿Y quién nos guarda la fé? *Familia:* ¡Es el Señor San José!

Prayer to my Guardian Angel *(A mi Ángel de la Guarda)*
    Ángel de mi Guarda, dulce compañía,
    No me dejes solo, ni de noche, ni de día.

Grace Before and After Meals *(La Bendición de la Mesa)*
Before Bendice, Señor, a nosotros y a estos alimentos que por tu bondad vamos a tomar. Amén

After Te damos gracias, Señor por todos tus beneficios. Tú que vives y reinas por los siglos de los siglos. Amén. Que el Señor nos de su paz y la vida eterna. Amén.

A Prayer to St. Martin de Porres *(Oración a San Martín de Porres)*
Glorioso San Martín, servidor de los siervos de Dios, siendo el más humilde por tu origen y nacimiento, por los oficios que ejerciste, por tu sencillez y obediencia a tus superiores y por lo mucho que sufriste durante tu vida, te hiciste, por tus méritos y virtudes un fiel servidor de Dios; concédenos que nosotros, imitando tus virtudes, nos dejemos conducir por el camino que nos ha trazado la divina Providencia, y llevando nuestra cruz de cada día, cumplamos siempre su santa voluntad. Te pedimos también que, por tus méritos e intercesión, nos concedas cuanto te hemos pedido, a mayor gloria de Dios, bien de nuestras almas y de toda la santa Iglesia. Amén

Prayer to the Sacred Heart *(Oración al Sagrado Corazón)*
Oh Sagrado Corazón de Jesús, yo te he pedido ya muchos favores, pero te pido uno más *(name it here)*. Tómalo, hazle un lugar en tu abierto corazón y cuando el Padre Eterno lo vea cubierto con el manto de tu Preciosísima Sangre, no podrá rechazarlo, porque entonces será tu oración y no la mía. ¡Oh sagrado Corazón de Jesús, en vos confio!

Prayer to "El Señor de los Milagros" *(a common appellation given to various images of Christ Crucified)*
Bendícenos en cada hora, Oh Señor de los Milagros, en nuestras enfermedades y pobrezas, en nuestras pruebas y desolaciones, en nuestros quebrantos e infortunios; escucha nuestra voz, atiende nuestras plegarias, acude pronto en favor de nosotros, de nuestras familias y de nuestros intereses temporales y eternos. En tí confiamos, Oh Señor de los Milagros, y de tu misericordia infinita, esperamos alcanzar el remedio a nuestras necesidades. ¡Oh Señor de los Milagros, en ti confiamos!

Prayer for the Souls in Purgatory *(Oración para implorar misericordia por las Benditas Almas del Purgatorio)*
Ten misericordia, Benigno Jesús, de las almas detenidas en el Purgatorio. Tú que su rescate tomaste nuestra naturaleza humana y sufriste la muerte más cruel, compadece sus lamentos y lágrimas derramadas cuando ellas levanten hacia tí sus ojos anhelantes; y en virtud de tu Pasión, exímelas de la pena debida por sus pecados. Oh dulce Jesús, descienda al Purgatorio tu Preciosa Sangre, para confortar y aliviar a las que allí languidecen en cautiverio. Extiéndeles tu mano y condúcelas a mansiones de refrigerio, luz y paz. Amén.

Prayer of Saint Francis *(Oración de Paz por San Francisco de Asís)*
Señor, haz de mí un instrumento de tu paz. Que donde haya odio, ponga yo amor; que donde haya ofensa, ponga yo perdón; que donde haya duda ponga yo fe; que donde haya desesperación, ponga yo esperanza; que donde haya tinieblas, ponga yo luz; que donde haya tristeza, ponga yo alegría. Oh divino Maestro, haz que no busque tanto ser consolado, como consolar; ser comprendido, como comprender; ser amado, como amar; dar antes que recibir; ser perdonado, como perdonar; porque al morir resucitamos a la vida eterna. Amén.

Prayer to St. Jude Thaddeus *(Oración a San Judas Tadeo)*
Oh glorioso Apóstol San Judas Tadeo, siervo fiel y amigo de Jesús, el nombre del traidor ha sido la causa de que muchos te hayan olvidado, pero la Iglesia te honra y te invoca universalmente como *Patrón de los Casos Desesperados*. Ruega por mí que soy tan miserable; y hagas uso, te ruego, de ese privilegio especial que el Señor te ortogó de traer visible y pronta ayuda cuando casi se ha perdido toda esperanza, para que pueda yo recibir el consuelo y socorro del cielo en todas mis necesidades, particularmente *(hágase aquí cada una de sus súplicas especiales)*. Te prometo, Oh glorioso San Judas, acordarme siempre de este gran favor y nunca dejaré de honrarte como a mi especial y poderoso protector y hacer todo lo que pueda para fomentar tu devoción. Amén.

There is a custom of presenting someone with twenty-eight flowers in honor of St. Jude's feast day, which is celebrated on October 28. The person who receives this bouquet gives the flowers out one by one, and each person who receives a single flower is then expected to give twenty-eight flowers to someone else, who in turn will distribute them, prompting an ever larger chain of devotion to St. Jude. The "ramo" of twenty-eight flowers may be blessed using this prayer:

Los objetos piadosos que tenemos aquí para benedicir muestran, cada uno a su manera, nuestra fe, ya que sirven para recordar el amor de nuestro Señor y para aumentar nuestra confianza en la ayuda de San Judas Tadeo. Al pedir la bendición del Señor sobre estas flores, lo que hemos de procurar ante todo es dar el testimonio de vida cristiana que de nosotros exige el uso de estas flores.

Bendito seas, Señor, fuente y origen de toda bendición, que te complaces en la piedad sincera de tus fieles; te pedimos que atiendas a los deseos de tus servidores y les concedas que, llevando consigo estas flores para repartir en honor de San Judas Tadeo, se esfuercen por irse transformando en la imágen de tu Hijo, que vive y reina por los siglos de los siglos. Amén.

APPENDIX I

A COMPARISON OF CALENDARS

<table>
<tr><td>

JANUARY

1 **New Year's Day**
   (or ***World Day of Peace***
   Feast of Our Lady's Motherhood)
2
3
4
5
6 **The Epiphany**
   (This Feast is celebrated on the Sunday following January 1st)

</td><td>

ENERO

El Año Nuevo
No difference in the celebrations

Día de los Reyes Magos
This is a solemn feast for Puerto Ricans and is more popular and more important than Christmas. Even for non-Puerto Rican Hispanics, this feast is more important than it is in most non-Spanish speaking parishes. One popular custom is to have the three Kings appear in costume at Mass and distribute gold-covered chocolate coins to all the children who have not made their 1st Communion.

This is the day many Hispanic families give and receive gifts. Children will have written letters to the Magi asking for their gifts, and on the night of January 5th, they will leave their shoes in the doorway to be filled with candy and gifts.

*Families will often share a sweet cake at their Epiphany dinner. Called a **Rosca de Reyes**, a small figure of the Christ Child has been hidden in the dough. Whoever gets the piece of the rosca with the figure in it has to prepare*

</td></tr>
</table>

dinner for the whole family on the Feast of the Purification, when the family gathers to celebrate the **Levantada del Niño Divino**. *This ceremony and the blessing of candles ends the Christmas celebrations.*

7
8
9
10 **The Feast of Our Lord's Baptism**
11 (The Sunday following the Feast
12 of the Epiphany)
13
14
15
16
17   **Día de los Mártires (Panamá)**
18
19
20
21
22
23
24
25
26
27
28
29
30
31

FEBRUARY   ## FEBRERO
1
2 **The Presentation of Our Lord**   **Día de la Candelaria**
   (The *Feast of the Purification*   **(La Presentación del Señor)**
   or *Candlemas Day*)
   Some parishes still maintain the   *Among Hispanics, this feast*

	custom of distributing blessed candles today.	*is celebrated two ways: as a Feast of Our Lady* **(Nuestra Señora de la Candelaria)** *and as the conclusion of the Christmas Cycle with a ceremony called the* **Levantada del Niño Divino** *(the "Putting Up" or the "Putting Away" of the Christ Child).*
3	**St. Blaise's Day** *(Blessing of the throats)*	*The blessing of throats (February 3) is not unknown in Hispanic parishes, but is not as popular as it is in other parishes. If you do this blessing, you will need to explain it carefully. The prayer is:* *"Por la intercesión de San Blás Obispo y Mártir, que el Señor Dios te proteja contra las enfermedades de la garganta y todo otro mal. (+) En el nombre del Padre y del Hijo y del Espíritu Santo. Amén."*
4		
5		**San Felipe de Jesús, Protomartir**
6		(México)
7		
8		
9		
10		
11		
12		
13		
14	**Ss. Cyril & Methodius** (or *St. Valentine's Day*)	**Día de los Enamorados**
15		
16		
17		
18		**Carnaval**
19		*Three days before Ash Wednesday*
20		
21	**Ash Wednesday** *(Movable Feast)*	**Miércoles de Ceniza** *This is an important and popular day among Hispanics just as it is among English-speaking Catholics. You will be amazed at how many come for ashes!*
22		
23		
24		

25		
26		*The main Lenten devotion is not the* ***Way of the Cross****, though this is popular. Expect to do devotions to* ***La Virgen Dolorosa*** *(Our Lady of Sorrows) and* ***El Divino Preso****. (Devotion to "Christ before Pilate" is also known in English as the "Ecce Homo.")*
27		
28		

MARCH   MARZO

1		
2		
3		
4		
5		
6		
7		
8		
9		
10		*During the Sundays of Lent, it's very common to include in the Masses, either after the homily or after the Post-Communion Prayer – devotions to La* ***Virgen Dolorosa*** *or* ***El Divino Preso****. The Way of the Cross, or, in Spanish, the* ***Via Crucis****, is generally prayed only on Fridays.*
11		
12		
13		
14		
15		
16		
17	St. Patrick's Day	
18		
19	St. Joseph's Day	**Fallas (Bonfires) de San José** (Valencia, Spain)
20		
21		
22		
23		**Día del Mar** (Bolivia)
24		
25	The Annunciation	**La Anunciación del Señor** *No popular devotions today*
26		
27		
28		
29		
30		

31	Palm Sunday	**Domingo de Ramos** *This is an extremely popular day among Hispanic Catholics, but the celebrations are very much the same as in the U.S.*

APRIL

ABRIL

1	Monday of Holy Week	**Lunes de la Semana Santa**
2	Tuesday of Holy Week	**Martes de la Semana Santa**
3	Wednesday of Holy Week (or *Spy Wednesday*)	**Miércoles de la Semana Santa**
4	Holy Thursday	**Juéves Santo** *This is an extremely popular day among Hispanic Catholics, especially the evening liturgy of the **Ultima Cena.** Hispanic Catholics will celebrate the day essentially as we do; the main differences will be discovered in how the Altar of Repose (the **Monumento**) is decorated and how long adoration should continue.*
5	Good Friday	**Viernes Santo** *The **Via Crucis** is prayer at noon and then comes the **Procesión en Silencio** with the statue of the **Divino Preso**. The evening celebration could be the solemn commemoration (as in English) followed by the **Pésame,** or the shorter reading of the **Pasión**, followed by the **Pésame.** In this case, the three services: **Via Crucis, Procesión en Silencio,** and the **Pasión** and **Pésame,** form a single whole, even though they are celebrated at different times of the day, usually noon, 5:00 and 8:00 pm.*
6	Holy Saturday	**Sábado de Gloria** *The blessing of Easter baskets is unknown in Hispanic parishes, but seems popular where it has been introduced.*
	Vigil of the Resurrection	*The Vigil is not as popular among*

Hispanics as the Good Friday service. Perhaps this is because in Mexico and Latin America, this service was generally celebrated early in the morning by the priests of the parish privately.

7　Easter Sunday

Domingo de Pascua
Our tradition of hunting Easter eggs is another popular custom that largely mystifies our Hispanic parishioners; but the family aspect is appealing and if explained properly might catch on.

8　Easter Monday
9　Easter Tuesday
10　Easter Wednesday
11　Easter Thursday

Lunes de Pascua
Martes de Pascua
Miércoles de Pascua
Jueves de Pascua

Batalla de Rivas (Costa Rica)

12　Easter Friday
13　Easter Saturday
14
15
16
17
18
19
20
21
22
23
24
25
26
27
28
29
30

Viernes de Pascua
Sábado de Pascua

Día de la Independencia
Venezuela and Uruguay

Día de los Niños (México)

MAY
The Month of Our Lady
1

2

3

4
5
6
7
8
9

10

11
12
13
14
15
16
17
18
19
20
21
22
23
24
25
26

MAYO
Mayo — el Mes de María
Día del Obrero
May 1st is Labor Day in many Latin countries.

Rosary devotions are very popular in Hispanic communities and can be celebrated on Saturday mornings, on Sundays after Mass or on Sunday nights. Usually these rosary devotions will include families or children carrying flowers to Our Lady's altar.

La Exaltación de la Sta. Cruz
This feast is celebrated in Mexico today.

Cinco de Mayo
Commemorating the Mexican defeat of the French at the Battle of Puebla in 1862, the Cinco de Mayo is a civic holiday with few popular religious celebrations connected with it.

Día de las Madres (México and El Salvador) *In Latin countries, Mothers' Day is generally a fixed day, rather than a movable holiday as in the U.S.*
Día de las Madres *(Colombia)*

Día de la Independencia (Paraguay)

Día de la Revolución (Argentina)

27   **Día de las Madres** (Bolivia)
28 **Memorial Day**
29 (Celebrated on the 4th Monday of May)
30
31 **The Visitation**   **La Visitación de la Virgen**
                                            No popular devotions today

JUNE   JUNIO

1
2
3
4
5
6
7 **The Body and Blood of Christ**   **Corpus Christi**
   (or ***Corpus Christi***)   *In Hispanic communities, this feast*
                                           is celebrated with the same traditions
                                           as were common in English-speaking
                                           parishes a generation ago.

8
9
10
11
12
13   **Día de los Padres** (Colombia)
14
15
16   **Día de los Padres** (México)
17   **Día de los Padres** (El Salvador)
18
19   **Día de la Bandera** (Argentina)
20
21
22
23
24   **Natividad de San Juan Bautista**
25   *(Patron Saint of Puerto Rico)*
26
27
28

29
30

JULY   JULIO
1
2
3
4   **American Independence Day**
5   **Día de la Independencia** (Venezuela)
6
7
8
9   **Día de la Independencia** (Argentina)
10
11
12
13
14
15
16 **Our Lady of Mount Carmel**   **Nuestra Señora del Carmen**
    The custom in Latin America is to bless and distribute the familiar brown scapular of Our Lady of Mount Carmel on the feast day itself or on the Sunday closest to the feast.
17
18   **Día de la Constitución** (Uruguay)
19
20   **Día de la Independencia** (Colombia)
21
22
23
24   *Birth of Simon Bolivar in 1783*
25   **Día de la Constitución** (Puerto Rico)
26
27
28   **Día de la Independencia** (Perú)
29   **Día Nacional** (Perú)
30
31

AUGUST

AGOSTO

1 **Fiesta de Santo Domingo**
  (Celebrated August 1-10 in Managua)
2 **N.S. de los Angeles** (Costa Rica)
3
4
5
6 The Transfiguration **La Transfiguración**
  Día de la Independencia (Bolivia)
7
8
9
10 **Día de la Independencia** (Ecuador)
11
12
13
14
15 The Assumption of Our Lady **La Asunción de la Virgen María**
16 *No popular devotions today*
17
18
19
20
21
22
23
24
25 **Día de la Independencia** (Uruguay)
26 **Día de la Constitución** (Paraguay)
27
28
29
30 **Fiesta de Santa Rosa de Lima** (Perú)
31

SEPTEMBER

SEPTIEMBRE

1 **Labor Day**
  (first Monday in September)
2
3

4
5
6
7
8   **Nativity of Our Lady**   **La Natividad de la Virgen María**
                                       Many popular devotions to Our Lady are celebrated on September 8th, eg. La Virgen de la Caridad del Cobre (Cuba) or La Virgen de la Luz (New Mexico and Texas).
9
10   **Día de los Niños** (Honduras)
11
12
13   **Día de los Niños Héroes** (México)
14
15   **Día de la Independencia** (Costa Rica and Honduras)
16   **Día del Grito**
                                       Mexican Independence Day
17
18   **Días de la Independencia** (Chile)
19
20   **Día de la Revolución** (Guatemala)
21
22
23
24
25
26
27
28
29
30

OCTOBER   # OCTUBRE
1
2
3
4   **St. Francis of Assisi**   **San Francisco de Asís**
5   *Blessing of pets and animals*   *La bendición de los animales (Colombia)*
6

7		
8		
9		
10		
11		
12	Columbus Day	**Día de la Raza**
13		**("The Day of the Race")**
14		*This is not a celebration of Columbus'*
15		*discovery of the New World but of the fact*
16		*that his landing made it possible for the*
17		*coming together of the European and*
18		*the Native races in order to produce a*
19		*new people (or **raza**), the Hispanics.*
20		*There are also many feasts of Our Lady*
21		*which are commemorated on October 12,*
22		*e.g. N.S. de Talpa and N.S. de Zapopan*
23		*(both from México.)*
24		
25		
26		
27		**46 Days of Rosaries**
		In honor of the 46 stars on the Virgin of
		Guadalupe's mantle, the rosary is prayed
		for the 46 consecutive days leading up
		to her feast on December 12. This devo-
		tion is not well known, but you may
		encounter it.
28	**Ss. Simon and Jude**	**San Judas Tadeo**
29		*For the custom of blessing 28 flowers on*
30		*the Feast of St. Jude, see page 135.*
31	**All Hallow's Eve**	**El Día de las Brujas**

NOVEMBER
1 **All Saints' Day**
2 **All Souls' Day**

NOVIEMBRE
Todos Santos
Todos los Fieles Difuntos
*The **Día de los Muertos** is a very important day among Hispanics of all national origins. It is generally celebrated privately, by families who visit the*

		graves of their relatives. It is normal, however, to keep a **Libro de Difuntos** *in church for people to include their dead.*
3	**St. Martin de Porres**	**San Martín de Porres**
4		*Where devotion to this very popular*
5		*Peruvian saint is common, his feast will*
6		*be marked with special Masses or with a*
7		***novena*** *or* ***triduo*** *of prayer. See page*
8		*134.*
9		
10		
11		
12		*Birth of Sor Juana Inez de la Cruz*
13		
14		
15		
16		
17		
18		
19		
20		
21		
22		
23		
24		
25		
26		
27		
28	**Thanksgiving Day**	**Día de Acción de Gracias**
	(4th Thursday of the month)	*This is an American holiday, but*
30		*popular, too, among Hispanics who understand its importance in the family and the community.*

DECEMBER

1 **First Sunday of Advent**
   (Sunday closest to St. Andrew)
2

DICIEMBRE

Primer Domingo del Adviento
The Advent wreath is not unknown in Spanish communities, but nearly so. You will need to explain it well.

3		**Novena a N.S. de Guadalupe**
4		*The annual novena to Our Lady of Guadalupe begins on December 3rd. The novena usually includes Mass and the novena prayers or the rosary followed by the novena prayers. Many people will want to go to confession during the novena in preparation for the feast day on December 12.*
5		
6		
7		
8	Immaculate Conception	**La Purísima Concepción de María**
9	Saint Juan Diego	**San Juan Diego**
10		
11		
12	**Feast of Our Lady of Guadalupe**	**Fiesta de N.S. de Guadalupe**

This feast expresses the essence of what it means to be Mexican and Central-American. It's a celebration that will combine elements of popular devotion in a heady mixture of nationalism and patriotism. The feast day begins at 4 or 5 a.m. with the **mañanitas.** *(See p. 78.) Tamales and menudo are served afterwards with hot cocoa, champurado and coffee. The main service is a solemn Mass which may include a variety of elements: processions, costumed historic personages, native dancers (called* **matachines***) and people either offering bouquets of roses to Our Lady or receiving blessed roses in her honor.*

In many parishes, a monthly Mass on the 12th is celebrated in honor of Our Lady of Guadalupe. This Mass is normally sponsored by **La Sociedad Piadosa de Nuestra Señora de Guadalupe** *(commonly called* **Los Guadalupanos***).*

13		**Día de las Madres** (Panamá)
14		
15		

16	Third Sunday of Advent	**Tercer Domingo del Adviento** *The third Sunday of Advent is the traditional day for the blessing of the manger (called **el nacimiento**.) Most times, however, the blessing is reserved for the image of the Child Jesus (called **El Santo Niño** or **El Niño Divino**). This devotion has a particularly strong following among Hispanics.* *This same image will be solemnly put away on February 2. (See the **Levantada del Niño** on page 57.)*
17 18 19 20 21 22 23	The Last Days of Advent	**Novena Navideña** *The Christmas Novena, called **La Posada**, is kept as a festive reminder of Joseph and Mary's search for lodging in the inns of Bethlehem. The parts of Mary and Joseph (called the **Santos Peregrinos**) are taken by small children dressed for the part or small statues carried from house to house or from place to place. This novena will be celebrated for as many nights as possible, either in church or with neighbors at home.*
24	Christmas Eve	**La Noche Buena** *Midnight Mass is extremely popular in Spanish communities and is called the **Misa de Gallo** (Mass of the Cock's Crow). Vigil Masses, even Vigil Masses geared for children or families, will not prove as popular as the **Misa de Gallo**.* *In communities where children do not receive gifts on the Epiphany, they will receive them from the Child Jesus when they return from Midnight Mass.*
25	Christmas Day	**La Navidad del Señor**

This day is marked more by family celebrations rather than by church liturgies.

26 St. Stephen's Day — **San Esteban, Prótomartir**
27 St. John, the Evangelist — **San Juan, Evangelista**
28 The Holy Innocents — **Los Santos Inocentes**

This feast day is often celebrated with jokes and pranks – rather like our April Fools' Day.

29
30
31 New Year's Eve — **La Noche Vieja**

There are many family customs associated with New Year's Eve, most of them designed to foretell the family's fortunes during the coming year.

*However, the **Misa de Divina Providencia** is also popular. This Mass is celebrated at 11:00 p.m. (to end at midnight) or at midnight on New Year's Eve and those who participate try to recollect that everything that will happen to them and to their families in the coming year will come through God's Providence, and even though these events might be painful or difficult to endure, they will be profound reminders of the mercy of God. In some Mexican parishes, there is a monthly **Misa de la Divina Providencia** celebrated on the first of every month.*

Appendix II

An Alphabetical List of Popular Marian Devotions

Nuestra Señora de la Altagracia
Santo Domingo, Dominican Republic, Central America
Feast Day: August 2

The evangelization of the New World began with devotion to Our Lady under the title of Our Lady of Altagracia. Documents dating to 1502 attest that the original image of Our Lady of Altagracia was brought to Santo Domingo from Spain by two brothers, Alfonso and Antonio Trejo. However, there is a more picturesque story which says that Our Lady of the Altagracia (i.e. the great grace of becoming the Mother of God) was miraculously delivered to a man whose oldest daughter had requested such an image, although the man had been told repeatedly, even by the Bishop of Cabildo, that there was no such title of the Virgin. The image shows Our Lady in an attitude of reverential prayer before the manger of her Divine Son. Measuring 33 by 45 centimeters, the painting appears to date from the end of the 14th or perhaps the beginning of the 15th century. The colors of the Virgin's robe, mantle and scapular have become the national colors of the Dominican Republic.

Nuestra Señora de Andacollo
La Serena, Chile
Feast Day: December 24-27

The earliest conquistadores brought this image of Our Lady of the Rosary, called the "Beacon of Chile," from Spain to Perú and from Perú to the city of La Serena, in Chile. There the image of carved cedar was hidden during a period of social unrest (c. 1549) and was subsequently lost. The image was not recovered for another hundred years when a Native American chief collecting firewood discovered it hidden in the mining camp of Andacollo. The image, preserved first in Andacollo and later in La Serena, is one of the most popular images of Our Lady in Chile.

Nuestra Señora de los Angeles (de Costa Rica)
Costa Rica, Central America
Feast Day: August 2

Devotion to Our Lady of the Angels is well established throughout the Catholic world, but nowhere is there more fervent devotion than in Costa Rica, where Our Lady of the Angels is honored as the National Patroness and where her image, miraculously re-discovered in 1635, is affectionately called "La Negrita."

La Virgen de Arán(t)zazu
Luján, Argentina and **Jalisco, México;** originally in **Guipuzcoa, Spain**
Feast Day: August 15

The Virgin of Aránzazu came to the New World with settlers from the Basque region of Spain ("Eusklherría"). Devotion there began in 1496 when the parish priest of Guipuzcoa found the statue hidden in a hawthorne tree. His exclamation of surprise and wonderment, "Arantza, zú?" (freely translated "Are you in the tree?") has become the traditional title of the Virgin of Guipuzcoa, although today it is more commonly spelled without the 't' — "aránzazu."

La Virgen del Buen Consejo
Throughout Latin America
Feast Day: April 26

The origins of devotion to Our Lady of Good Counsel can be traced back to an image of Our Lady called "La Madonna del Paradiso" which is said to have miraculously appeared in 1467 suspended in mid-air in an Italian town (Genazzano) twenty-five miles southeast of Rome. Since the church in which the image appeared, the parish church of Santa Maria, was under the pastoral care of the Augustinians, the devotion to Our Lady of Good Counsel has generally been associated with the Augustinians who have fostered it wherever they have been the principal evangelizers. A white scapular is worn in devotion to Our Lady of Good Counsel.

Nuestra Señora de la Bufa (or del Patrocinio)
Zacatecas, Zacatecas, México
Feast Day: September 15

Beginning in 1535, the region around Zacatecas was first explored and claimed by the Spanish for King Philip II. At one particularly bloody battle between the Natives and the conquistadores, Our Lady was seen in the clouds, encouraging the Spaniards. Afterwards, that same image brought about the rapid conversion of the indigenous peoples when it was discovered at the top of the peak called "la Bufa." The city of Zacatecas includes this image on its official seal.

Nuestra Señora de Caacupé
Caacupé, Paraguay
Feast Day: December 8

In 1603 in the region around Caacupé, an anonymous Guaraní convert to Catholicism found himself pursued by members of the Ambayáes tribe. Hostile both to the Guaraní and to Christianity, the Ambayáes forced the convert to seek refuge in the hollowed-out trunk of a large tree. Fearing for his life, the convert promised to carve an image of Our Lady from the wood of the trunk should he escape with his life. In fact, he carved two images, the larger one for the Franciscan church in Tobatí and the second for his own personal devotion. Years later, when a severe flood ravaged the countryside around Tobatí, the pastor invoked Our Lady's protection and as the flood tide receded, the image of Our Lady of Caacupé, the Virgen Azul del Paraguay, floated ashore. This miraculous intervention accounts for the double name "de los Milagros de Caacupé."

Nuestra Señora de la Candelaria
Tenerife, Canary Islands
Feast Day: February 2 and August 15

Originally, the title "Our Lady of Candelaria" honored Our Lady on the feast of the Presentation of the Child Jesus (February 2, called "Candlemas Day"). But as often happens, the original devotion to Our Lord has been supplemented by a secondary devotion to Our Lady under the title of Nuestra Señora de la Candelaria. Settlers from Tenerife in the Canary Islands brought this devotion with them to the New World where it is particularly popular in México.

La Virgen de la Caridad del Cobre
El Cobre, Santiago de Cuba, Cuba
Feast Day: September 8

According to popular tradition, the statue of Our Lady of Charity of the Cove was found floating in the Bay of Nipe by three desperately poor fishermen in 1628. However, devotion in Cuba to Our Lady of Charity can be traced even earlier than that, to at least 1608, when documents speak of an already well-established devotion to Our Lady of Charity of Illescas (in Spain). This Spanish image is similar in both style and composition to the familiar image of Our Lady of Charity of the Cove which Pope John Paul II crowned during his pastoral visit to Cuba in January, 1998. The shrine of Our Lady, located in Santiago de Cuba and built in 1827, was profaned during the American occupation of Cuba following the Spanish American War of 1898. It was here that on September 8, 1957, Ernest Hemingway presented his Nobel Prize to the Virgin in an unusual act of devotion.

Nuestra Señora del Carmen
Throughout Mexico and Latin America
Feast Day: July 16

Devotion to Our Lady of Mount Carmel is extremely widespread throughout Latin America where she is invoked as the patroness of chauffeurs in Colombia and as patroness of the Poor Souls in Mexico. Vested in the familiar brown- and cream-colored habit of the Carmelites, she is usually shown holding the Child Jesus in her left hand and a scapular in her right which she offers to her devout faithful. The complete rite for blessing and imposing the brown scapular can be found in the Bendicional; but this part can be memorized:

> "Recibe este hábito, por el cual quedas admitido en la cofradía de la familia religiosa de Nuestra Señora del Carmen y compórtate de tal manera que, con la ayuda de la Santísima Virgen, para gloria de la Santísima Trinidad y para el bien de la Iglesia y de los hombres, te esfuerces cada día más en vestirte de Cristo y hacer que su vida se manifieste en la tuya. Amén."

Nuestra Señora del Carmen de Maipú
Santiago de Chile, Chile
Feast Day: July 16

Well-known in all parts of Latin America, Our Lady of Mt. Carmel is especially venerated in Chile. There in 1817 at the Battle of Chacabuco, after declaring Our Lady to be "Patron and General of the Army of the Andes," the Chilean armies defeated the forces of the Spanish King. In 1818, Bernardo O'Higgins publicly vowed to erect a national shrine to Our Lady at the spot where "by force of arms our national independence might be won." That happened at Maipú (Battle of Maipú, April 5, 1818) and the first stones of the shrine were laid by November of that same year.

Nuestra Señora de la Concepción Aparecida
Itaguassú, Brazil
Feast Day: October 12

A humble copy of the Mexican image of Our Lady of Guadalupe, the statue of Nuestra Señora Aparecida ("Nossa Senhora Aparecida" in Portuguese) was found in two pieces by fishermen working on the Paraíbo River, near the port city of Itaguassú in the early 1700s. A series of small chapels was eventually replaced in 1856 when the present basilica was finished. Crowned "Queen and Mother of the Brazilian People" in 1904, the image was declared patroness of Brazil in 1929. More than 200,000 pilgrims come annually to Our Lady's shrine.

Nuestra Señora de la Conquista
Santa Fe, New Mexico
Feast Day: October 12 and June 28

This image of Our Lady's Immaculate Conception is the most ancient image of Our Lady continuously venerated in the United States. After the Pueblo Revolt of 1689, the Spanish colonial armies retook Santa Fe and credited their victory to their devotion to this image, hence the name "Our Lady of the Conquest." The annual novena to Our Lady of the Conquest, today more fittingly called Nuestra Señora de la Paz, is from June 21st to June 28th.

La Virgen de Copacabana
Copacabana, Bolivia
Feast Day: February 2 (also August 5 and 6)

Situated on the shore of Lake Titicaca between Bolivia and Perú, the Basilica Shrine of Our Lady of Copacabana was completed in 1669 and counts now as one of the principal Marian shrines in South America. The image of Our Lady of Copacabana was fashioned by Tupac Yupanquí, a convert to Catholicism (about 1530) and a member of the royal family of the Incas, which explains in part the tremendous devotion of the Inca people to this image of Our Lady.

Nuestra Señora de Coromoto
Guanaré, Zamora, Venezuela
Feast Day: September 8 and February 2

According to the most ancient tradition, Our Lady appeared to the chief of the native Cospes tribe on September 8, 1552, instructing him in the Faith. Immediately afterwards, the cult of Our Lady of Coromoto began to spread rapidly and by the middle of the seventeenth century was already well-established. The Bishop of Caracas gave his approval to the devotion in 1668. Our Lady of Coromoto is shown seated on a throne, with the Child Jesus on her knees. Both are crowned and Jesus holds an orb in his left hand.

Nuestra Señora la Desatodora de Nudos
Buenos Aires, Argentina
Feast Day: December 8, August 15, and September 28

Of German origin, the devotion to "Our Lady, Who Unties Knots" is now largely unknown except in Buenos Aires, Argentina, where monthly Masses (the 8th of each month) draw thousands of suppliants asking that Our Lady help untie the difficult knots in their lives. The image of "Maria, Knotenlöserin" was painted about 1700 in German Baroque style and depicts Our Lady of the Immaculate Conception standing over the crescent moon. On her left an angel presents a ribbon or cord hopelessly knotted which Our Lady carefully unknots, handing the smooth ribbon to a second angel on her right. Originally these knots were meant as those difficulties which entangle marriages, but more lately the advocation refers to the knot of original sin and all its effects.

Nuestra Señora de la Divina Providencia
San Juan, Puerto Rico
Feast Day: November 19, the anniversary of the discovery of Puerto Rico; formerly January 2, the anniversary of the image's arrival.

The title and devotion to Our Lady of Divine Providence originated in Italy in the 13th century and was popularized by the Servite St. Philip Benizi. Well known in Spain, especially in Catalonia, the devotion was brought to Puerto Rico in 1853 by Bishop Gil Esteve y Tomás who enshrined a statue to Our Lady under this title and placed his impoverished diocese under her patronage. Our Lady of Divine Providence is shown seated, with the Child Jesus peacefully asleep in her lap. She tenderly holds his left hand in her two folded hands. The statue brought to Puerto Rico by Bishop Esteve y Tomás was to be crowned on November 5, 1976, but on the night before the planned coronation, the image was badly burned in a act of sacrilege which shocked the island. The bishops gathered for the Latin American Bishops' Conference decided to crown the damaged statue anyway, bringing tears of both joy and sorrow to the thousands gathered to participate in the ceremony.

Nuestra Señora de Guanajuato
Guanajuato, Guanajuato, México
Feast Day: October 12

This ancient image of Our Lady arrived in Guanajuato, Mexico, in 1557, the gift of King Philip II. Originally housed in a small chapel, it was moved in 1665 to the Hospitaller Church where it remained until 1696 when it was solemnly enthroned in the Basilica of Our Lady of Guanajuato.

Nuestra Señora de la Inmaculada Concepción (de El Viejo)
El Viejo, Nicaragua
Feast Day: December 8

According to a popular legend, the image of the Immaculate Conception of El Viejo was brought to the New World by a relative, perhaps the sister, of St. Teresa of Avila. Venerated first in the port city of Realejo, the image was later venerated and housed in the Franciscan mission of El Viejo, where – by various means and miracles – Our Lady indicated her refusal to be moved again (this time to Perú). Over the centuries, many objects of devotion have been given to Our Lady to honor her under this title. These objects include precious gems and much silver plate which is ceremoniously washed on December 6th (La Lavada de la Plata). It is a cause of much national pride that none of the religious goods washed has ever disappeared. On the evening of December 8th neighbors will try to outdo one another in the construction of an altar to honor Our Lady. Making the round of the neighborhood houses, the neighbors ask one another, "¿Quién causa nuestra alegría?" to which everyone responds, "La Concepción de María!"

Nuestra Señora de la Inmaculada Concepción (de Panamá)
Panamá City, Panamá
Feast Day: December 8

Although never officially declared so, the devotion to Our Lady's Immaculate Conception is so widespread and popular in Panamá as to make her the Republic's unofficial patron. Devotion to Our Lady of Mercy is also popular in Panamá City where an image of Our Lady was miraculously saved when the city was burned in 1671 by the pirate Henry Morgan. Other devotions in Panamá include Nuestra Señora de la Antigua (venerated especially in Chirivi, Tunja); La Virgen Hallada (venerated in Montijo); Our Lady of Tarivá (in Tarivá); Our Lady of Sopetrán (from Villa de Hita and dated 1615); plus the Virgin of Penonomé and Our Lady of Hool.

Nuestra Señora de Itatí
Itatí, Argentina
Feast Day: August 16

Popular as a miracle worker, the image of Our Lady of Itatí has been continuously venerated in the province of Guayrá, Argentina, since 1589 when the Franciscan friar Luís de Bolaños brought the image to the Reduction of Ciudad Real which had been founded some time before to serve the native Guaraní. In the first twenty years of devotion, some seventy miraculous events were reported and subsequently investigated and approved by Church authorities. In 1900 Pope Leo XIII allowed the image to be crowned and her full title expanded to "La Pura y Limpia Concepción de Itatí, Reina del Paraná y Reina del Amor." A basilica in Itatí was consecrated in 1950.

La Virgen de Izamál
Izamál, Yucatán, México
Feast Day: December 8

The Virgin of Izamál is chiefly venerated in the Yucatán peninsula where her image is credited with ending several severe plagues in the 18th century. In 1829 the original image was destroyed by fire and another was substituted for it. During the religious persecutions of the early 20th century, this second image was taken and hidden in a series of private homes.

Nuestra Señora (de la Purísima Concepción) de Juquila
Juquila, Oaxaca, México
Feast Day: December 8

As is often the case with the oldest Latin American devotions, devotion to Our Lady of Juquila began with an itinerant missionary (Fray Jordán de Santa Catarina, O.P.) who used this small image of Our Lady's Immaculate Conception as a kind of teaching aid as he preached in the villages around Juquila. Afterwards, the image was venerated in the village of Amialtepec, hence its second title "La Virgen de Amialtepec." Surviving a disastrous fire in the parish church (1633), the parish priest, Jacinto Escudero, sought to have the image removed to the municipal seat in Juquila, but as often as he had the statue installed in Juquila, the statue mysteriously returned to its former church in Amialtepec, much to the delight of the Amialtepequos, who resented the loss of their miraculous image. It took an episcopal order by Don Angel Maldonado in 1719 to accomplish the removal of the image to the exquisite baroque basilica in Oaxaca where it remains today.

Nuestra Señora de las Lajas
Ipiales, Nariño, Colombia
Feast Day: September 16

The image of Our Lady of the Rosary now venerated as Our Lady of Las Lajas appeared mysteriously (some say miraculously) on a rock face some seventy feet off the ground in a cave overlooking the steep gorge of the Guaítara River. It was discovered in 1754 by María Muese de Quiñones whose daughter Rosa was healed after seeing "a beautiful lady" in the cave who spoke to her and invited her to play with her Son. Our Lady appears to be about 14 years old and has the dark complexion of the area's native population. In the early part of the century, German geologists bored core samples from several spots in the image and found that there is no evidence of the image being painted or dyed on the surface of the rock. The colors are the actual colors of the rock itself. Even more incredible, the rock is perfectly colored to a depth of several feet!

Nuestra Señora de Luján
Luján, Argentina
Feast Day: November 15

Fifty miles west of Buenos Aires lies the small village of Luján, center of devotion to Our Lady of Luján, Patroness of the Republics of Argentina, Uruguay and Paraguay. Devotion to Our Lady began in 1630 when a cart carrying the now highly venerated image of Our Lady could not be brought across the Luján River, despite the energetic promptings of the muleteers. A small African slave boy, Manuel by name, witnessed the strange spectacle and understood the miraculous nature of the beasts' refusal to cross. "Here in the pampas grass, the Lady wants her throne," he cried, and, after receiving his manumission, Manuel dedicated his life to providing her one. By 1755 a small village had grown up about the shrine and in 1763 a larger shrine was built. This shrine was replaced in the 1880s by the present basilica which houses the original image and a crown blessed by Pope Leo XIII.

La Madre Santísima de la Luz
León, Guanajuato, México
Feast Day: August 15

Of Sicilian origin (c. 1720), the image of the Most Holy Mother of Light was brought to México in 1730 by Jesuit missionaries who were evangelizing the area around Guanajuato. This devotion is particularly favored by expectant mothers who come asking the blessing of a safe delivery.

Nuestra Señora de la Merced
Throughout México and Latin America
Feast Day: February 22

Devotion to Our Lady of Mercy was brought to Hispanic America with the very first Mercedarian missionaries, an order of mendicant friars founded in 1223 to ransom slaves held by the Moslems. According to the annals of the Order, Our Lady herself designed the white Mercedarian habit which is emblazoned with the red shield of Aragón. Our Lady of Mercy is usually shown vested in this habit, crowned and offering the red and white scapular of Our Lady of Mercy to her devout faithful.

Nuestra Señora de la Merced de Perú
Lima, Perú
Feast Day: February 22

According to popular history, the first image of Our Lady to be found in Lima was the image of Our Lady of Mercy brought by the Mercedarian friars and placed in their chapel in 1535. Unlike the standard image of Our Lady of Mercy (dressed in a white habit, with a white scapular and the red shield of Aragón, shown holding the Christ Child) this much-venerated image of Our Lady of Mercy of Perú has her arms extended. In her right hand is a scepter and in her left several links of broken chain. During the struggle for independence from Spain, the armies of Perú were put under the protection of Our Lady, and on September 22, 1823, the Peruvian Congress proclaimed her Patroness of the Armies of Perú.

Nuestra Señora del Milagro de Salta
Salta, Argentina
Feast Day: September 13

Devotion to Our Lady of Salta can be traced back to the 1590s, when the Bishop of Tucumán, Francisco Vitoria, brought two images back with him from Spain. These images, one of Our Lady of the Rosary and the second of Christ Crucified, were found floating in the sea of the coast of Lima, Perú. The fact that the statues survived a shipwreck was taken to be evidence of a special predilection and the two statues were solemnly carried over the Andes into Argentina where they have been venerated since. The "miracle" referred to in Our Lady's title ("Milagro de Salta") occurred in 1692 when the city of Salta was spared the devastation of an earthquake which flattened the neighboring city of Esteco.

La Milagrosa
Throughout México and Latin America
Feast Day: November 27

Known in English as "Our Lady of Grace" or "Our Lady of the Miraculous Medal," this devotion is firmly established in Central and South America where the familiar image of herself which Our Lady revealed to St. Catherine Labouré is popularly called "La Milagrosa" or "The Miraculous One."

Nuestra Señora de la Nube de Quito
Quito, Ecuador
Feast Day: December 30

Affectionately called "La Dama de Quito," Our Lady of the Cloud of Quito revealed herself to a large crowd of witnesses on December 30, 1696, as they were returning to Guálupo from Quito, Ecuador, where the pilgrims had been praying for the recovery of their Bishop, Don Sancho de Andrade y Figueroa, who was close to death. On their return, the pilgrims noted a cloud formation which matched exactly a painted image of Our Lady which they had carried with them from Guálupo. The apparition was said to have lasted the length of time it took to say a decade of the rosary, and when the excited pilgrims returned to Quito, they were greeted by the now-recovered Bishop. Shortly thereafter, a statue of Our Lady was carved according to the image seen in the clouds, and it is this image which is venerated in the Cathedral of Quito, Ecuador.

Nuestra Señora de Ocotlán
Ocotlán, Tlaxcala, México
Feast Day: December 8

In 1541 Our Lady appeared to an Indian convert named Juan Diego (not the same Juan Diego who saw our Lady of Guadalupe) in a forest of pine trees (or "ocotes") and led him to a miraculous spring of water. She also promised to give him a faithfully carved image of herself which he was to deliver to the Franciscan friars of San Lorenzo. After several days, Juan Diego and the friars found the image which is called "Ocotlán," from "Ocotlatia," meaning "from the burning pine forest." The shrine in which the statue is housed is particularly ornate and beautifully adorned with Mexican colonial art.

Nuestra Señora de la Paz
San Miguel, El Salvador
Feast Day: November 21

In 1682, according to the tradition, a large crate was found abandoned near the village of Mar del Sur. Those who found it were unable to open it, and surmising that it must contain valuable cargo, went to the authorities in the city of San Miguel. But as they passed by the cathedral, the donkey carrying the crate went down to the ground and could not be persuaded, coaxed or forced to travel further. The actual origins of the image of Our

Lady with the Child in her left arm remain unknown, but the miraculous events of her discovery so gripped the imagination of the local inhabitants that the region, heretofore remarkable chiefly for the violence of its population, became tranquil and quiet. For this reason, the image is known as Our Lady of Peace.

Nuestra Señora de la Presentación de Quinché
Quito, Ecuador
Feast Day: November 21

The image of Our Lady of the Presentation of Quinché was made by an anonymous artist from among the Oyacachi People in or about the year 1565. By the end of that century devotion to Our Lady and confidence in her powerful intercession against plagues and sicknesses, storms and earthquakes was so widely attested to that the Bishop of Quito transferred the image to Quinché where a large shrine was completed in 1633. This was replaced by a second shrine in 1905. Under the title Nuestra Señora de la Presentación, Our Lady is venerated as the patroness of Quito.

Nuestra Señora del Pueblito
Querétaro, Querétaro, México
Feast Day: September 15

The miraculous statue of Our Lady of Pueblito measures barely 21 inches in height. Sculpted in wood and plaster in 1632 by the Franciscan Sebastian Gallegos, it was given as a gift to Fray Nicolás de Zamora who was evangelizing the area around Querétaro. The image depicts St. Francis of Assisi holding aloft the Virgin Mother and the Child Jesus. The image is venerated in the Santuario de N.S. del Pueblito (1736); but the image is frequently carried in procession to various churches around the diocese for celebrations marking her feast day, the anniversary of the image's coronation, plus an annual novena in June for good weather.

Nuestra Señora de la Raíz (de la Esperanza)
Jacona, Zamora, Michoacán, México
Feast Day: February 14 *(Anniversary of the Coronation of the Image)*

For centuries the people of Jacona have fished the waters of Laguna Chapala, one of Mexico's largest fresh water lakes. In 1614, fishermen caught a small image of Our Lady and brought it to shore. Carved from a tree root (hence the title "de la Raíz") the image was venerated in a small chapel. At the end of the 18th century the image was moved to the parish church where it was adorned in rich robes after the style of the era. The second appellation "de la Esperanza" was added in the latter half of the 19th century.

Santísima Virgen del Rayo
Guadalajara, Jalisco, México
Feast Day: August 18

The origin of this devotion to Our Lady of the Rosary of the Ray can be traced to an historic event on the 13th of August, 1807, when a bolt of lightning struck and charred an image of Our Lady of the Rosary venerated in the Dominican Convent of Jesus and Mary in Guadalajara without damaging any of the other religious artifacts or harming the sisters who slept in a nearby dormitory. Five days later, after a second lightning bolt passed through the choir and seemed to hover for several minutes around the image, the basis for this devotion was firmly established.

Nuestra Señora del Roble
Monterrey, Nuevo León, México
Feast Day: December 18

According to the legend surrounding the origins of Our Lady of the Roble, a group of itinerant missionaries inadvertently left an image of Our Lady in the hollow of an oak tree. When the Virgin Mary realized – after a lapse of several days – that the friars were not going to return for her image, she appeared to a young shepherdess and asked her to get help to recover her forgotten image.

Nuestra Señora (del Rosario) de Chinquinquirá
Chinquinquirá, Colombia
Feast Day: July 9 and December 26

The image of Our Lady of the Rosary with Ss. Anthony and Andrew (at her side and at a level slightly lower than the base of the Virgin) was painted on a piece of cotton cloth by Alonso de Narváez in 1537 at the request of Antonio de Santana, an early conquistador. Badly deteriorated, the image was miraculously restored on the 26th of December, 1586. Two separate investigations were undertaken before the cornerstone of the first sanctuary was laid in 1588. In 1824 a second, larger shrine was built and in 1919 the image was solemnly crowned in Bogotá de Santa Fe. The devotion is well known outside of Colombia, especially in Venezuela and Ecuador.

Nuestra Señora del Rosario (de Guatemala)
Guatemala City, Guatemala
Feast Day: August 2

Fashioned out of solid silver, the image of Our Lady of the Rosary of Guatemala was proclaimed Patroness of the Republic of Guatemala in 1821 and Queen in 1833. Her devotees claim that when the Republic is threatened by a natural disaster or a political turmoil, the color of the face will change. In her honor a perpetual Rosary is maintained.

Nuestra Señora (del Rosario) de Talpa
Talpa, Michoacán, México
Feast Day: September 19

The image of Our Lady of the Rosary of Talpa is nicknamed "La Auténtica" to distinguish it from a second statue of Our Lady of the Rosary which was brought from Spain in the middle of the 1600s and which replaced this original or "authentic" image in the parish church of Talpa. One of four widely venerated images of Our Lady sculpted in Pátzcuaro, (the other three being N.S. de la Salúd in Pátzcuaro, N.S. de Zapopan in Guadalajara, and N.S. de San Juan de los Lagos), "La Auténtica" was restored to her place of honor when – after a blinding flash of light – it was discovered that the image had been instantaneously repaired and the composition of the statue miraculously changed. The shrine of Our Lady of Talpa, crowned by a majestic, if somewhat austere, cupola was named a basilica by Pope Pius XI.

Nuestra Señora de la Salud (de Pátzcuaro)
Pátzcuaro, Michoacán, México
Feast Day: December 8

The city of Pátzcuaro was the religious and a political center of the Tarascans until the city was taken and leveled by Nuño de Guzmán. Refounded by Don Vasco de Quiroga, the city became an artistic center, producing numerous religious artifacts made from tatzengumi (a kind of plaster of paris made from powdered corn stalks). In 1540 an image of the Immaculate Conception was placed as the principal altar piece in Saint Mary's Hospital. Almost life-sized and with noticeably Tarascan features, the image became quite popular. So many cures were attributed to Our Lady's intercession that the image became known as Our Lady of Health. The image is presently venerated in its own shrine (constructed from 1691-1717 and elevated to a minor basilica in 1924). In 1962 a deranged attacker fired nine blasts at short rage with a mauser, but the image survived undamaged.

Nuestra Señora de San Juan de los Lagos
San Juan de los Lagos, Zacatecas, México
Feast Day: December 8

Ancient and very widespread, devotion to the Mother of God under the title of Our Lady of San Juan de los Lagos centers upon an image of the Immaculate Conception not quite a foot tall, which is enshrined in a 18th century basilica (the "santuario") of ornate style in Zacatecas, Mexico. The shrine was desecrated and looted following the revolution, but has been restored to its former grandeur and hosted Pope John Paul II who came as a pilgrim in 1990.

Nuestra Señora de la Soledad
Throughout Latin America
Feast Day: Good Friday

There is widespread and very deeply felt devotion to the sorrows of Our Lady at the foot of the Cross. However, Hispanic Catholics are likely to distinguish between **Nuestra Señora de los Dolores** *(Our Lady of Sorrows or the Sorrowful Mother), who represents the Virgin Mary during the Passion, and* **Nuestra Señora de la Soledad** *(Our Lady of Desolation), who represents Mary during the deposition and burial of her Son. The image of Our Lady of Sorrows will often show a heart pieced by a sword and usually features Our Lady gazing upwards to where her Son hangs on the cross. On the other hand, the image of the Virgin of Desolation will show Our Lady with her head bowed in grief and with a linen cloth (to collect her tears) in her open hands. For Lenten devotions either image may be used, although, properly speaking, an image of Our Lady of Sorrows is used during Lenten devotions and Our Lady of Desolation for the Pésame on Good Friday.*

Nuestra Señora de la Soledad de Oaxaca
Oaxaca, Oaxaca, México
Feast Day: December 18

On the 18th of December, 1620, a mule train was passing through Oaxaca on its way from Veracruz to Guatemala when it was discovered that an extra pack mule had joined the train. When the muleteers investigated the pack it carried, they found two statues: one of Our Lord and the other of Nuestra Señora de la Soledad. Fearing that they would be accused of having stolen the mule with its precious cargo, the muleteers brought the animal to the mayor, who brought the animal to the Bishop, Fray Bartolomé de Bohoirquez e Hinojosa, who – according to legend – promptly declared Our Lady of Desolation "Patroness of Oaxaca" and instituted an annual commemoration of her discovery on December 18th. The church (1682-1690) where the image is venerated has one of the most beautiful façades in Mexico, an extravagant example of the Mexican Colonial Baroque style.

Nuestra Señora de La Concepción de Suyapa
Tegucigalpa, Honduras, Central America
Feast Day: December 8 and February 3

Carved from cedar wood, the diminutive image of Our Lady was found by two young laborers returning from the field. Barely seven centimeters, the image shows Our Lady with her hands folded, her face that of the native people. The image is always shown with a curious full halo made of two intersecting circles, rather like a figure 8. The upper part of this "resplandor" is surmounted by 12 stars. In 1983 Pope John Paul II visited the shrine in Suyapa, located in one of the poorest neighborhoods of Tegucigalpa.

Nuestra Señora (de las gracias) de Torcoroma
Ocaña, Colombia
Feast Day: August 16

In 1711 Cristobal Melo and his two sons, Felipe and José, discovered the image of Our Lady as they labored to hollow out a tree to serve as a dugout canoe. As the limb they were sawing fell away, an image of Our Lady was revealed hidden within the main trunk of the tree. Carved in high relief, the image is that of the Immaculate Conception, with her hands folded over her heart, her head tilted up to heaven and the moon riding under her feet. By July of that year, there were so many miracles reported that the Bishop brought the image to the city of Ocaña where it was solemnly enthroned in the cathedral.

La Virgen de los Treinta y Tres
Florida, Uruguay
Feast Day: December 8 and the second Sunday of November

Also known as Our Lady of Luján, the Virgin of the Thirty-Three appears to have been brought to Uruguay from Paraguay by the Jesuits in the middle of the 18th century. The first shrine was built in Villa Vieja (today Pintado); but later the image was removed and brought to the city of Florida, where, in August 1825, the members of the independence-minded Congreso de la Florida put the cause of independence under Our Lady's maternal protection. The title "Virgin of the 33" refers to the thirty-three popular heroes of the War for Independence who distinguished themselves both for their public service and their devotion to Our Lady.

Nuestra Señora de Zapopan
Zapopan (Guadalajara), Jalisco, México
Feast Day: October 12, plus December 8 and December 18

Among the first Franciscan missionaries to evangelize the area of Tzapopan was Fray Antonio de Segovia, who arrived in 1525 carrying a statue of Our Lady made in the workshops of Pátzcuaro. For ten years or more, he carried the image with him, and credited Our Lady's intervention with the region's final pacification in 1542. The correct title of the image is "Our Lady of the Immaculate Conception in the Expectation of her Childbearing," and in the former liturgical calendars there was a proper feast for this devotion on December 18. The singing of the "O Antiphons" on this day gave rise to the popular title of Our Lady of Zapopan as "María de la O" or "Santa María, la O." Each year on June 13, the image is taken from the basilica (built in 1730) to travel to each parish in the diocese, returning in time for the celebration of her principal feast day on October 12.

Maps

The Principal Shrines of México

1. Our Lady of **Guadalupe**, México City, Distrito Federal
2. Our Lady of the **Bufa**, or **del Patrocinio**, Zacatecas, Zacatecas
3. Our Lady of **Guanajuato**, Guanajuato, Guanajuato
4. Our Lady of **San Juan de los Lagos**, San Juan de los Lagos, Zacatecas
5. Our Lady of **Juquila**, Juquila, Oaxaca
6. Our Lady of **Izamál**, Izamál, Yucatan
7. Our Lady of **Ocotlán**, Ocotlán, Tlaxcala
8. Our Lady of **Pueblito**, Querétaro, Querétaro
9. Our Lady of **Patzcuaro** or **'de la Salúd'**, Patzcuaro, Michoacán
10. Nuestra Señora del **Roble**, Monterrey, Nuevo León
11. María Santísima **de la Luz**, León, Guanajuato
12. Our Lady of **Soledad of Oaxaca**, Oaxaca, Oaxaca
13. Our Lady of **Talpa**, Guanajuato, Guanajuato
14. Our Lady of **Zapopan**, Guadalajara, Jalisco

Central America

The Principal Shrines of Central America

1 Nuestra Señora **de los Ángeles**, Costa Rica
2 Nuestra Señora **de la Paz**, San Miguel, El Salvador
3 Nuestra Señora **del Rosario de Guatemala**, Guatemala City, Guatemala
4 Nuestra Señora de **Suyapa**, Tegucigalpa, Honduras
5 Nuestra Señora de **El Viejo**, El Viejo, Nicaragua
6 Nuestra Señora de la **Antigua**, Chirivi, Tunja, Panamá
7 Nuestra Señora de la **Hallada**, Montijo, Panamá
8 Nuestra Señora de la **Inmaculada Concepción**, Panamá City, Panamá

South America

The Principal Shrines of the Spanish-Speaking Caribbean

1   Nuestra Señora de **la Caridad del Cobre**, Santiago de Cuba, Cuba
2   La Virgen de **la Divina Providencia**, San Juan, Puerto Rico
3   Nuestra Señora de la **Altagracia**, Santo Domingo, Dominican Rep.

The Principal Shrines of South America
For map see facing page

1   Nuestra Señora de **Andacollo**, La Serena, Chile
2   La Virgen de **Arán(t)zazu**, Luján, Argentina and Jalisco, México
3   Nuestra Señora de **Caacupé**, Caacupé, Paraguay
4   Nuestra Señora del **Carmen de Maipú**, Santiago de Chile, Chile
5   Nuestra Señora de la **Concepción Aparecida**, Itaguassu, Brazil
6   La **Virgen de Copacabana**, Copacabana, Bolivia
7   Nuestra Señora de **Coromoto**, Guanaré, Zamora, Venezuela
8   Maria, la **Desatodora de Nudos**, Buenos Aires, Argentina
9   Nuestra Señora de **Itatí**, Itatí, Argentina
10   Nuestra Señora de las **Lajas**, Ipiales, Nariño, Colombia
11   Nuestra Señora de **Luján**, Luján, Argentina
12   Nuestra Señora de la **Merced de Perú**, Lima, Perú
13   Nuestra Señora del **Milagro de Salta**, Salta, Argentina
14   Nuestra Señora de la **Nube de Quito**, Quito, Ecuador
15   Nuestra Señora de la **Presentación de Quinche**, Quito, Ecuador
16   Nuestra Señora del **Rosario de Chinquinquira**, Chinquinquira, Colombia
17   Nuestra Señora de las **Gracias de Torcoroma**, Ocaña, Colombia
18   La Virgen de los **Treinta y Tres**, Florida, Uruguay

HVEI
TLAMAHVIÇOLTIÇA
OMONEXITI IN ILHVIÇAÇ TLATOÇA IHVAPILLI
SANTA MARIA
TOTLAÇONANTZIN
GVADALVPE IN NICAN HVEI ALTEPE-NAHVAC MEXICO ITOCAYOCAN TEPEYACAC.

Impreso con licencia en MEXICO: en la Imprenta de Juan Ruyz
Año de 1649.

INDEX TO THE MOST POPULAR MARIAN DEVOTIONS
Arranged Alphabetically

Altagracia (Our Lady of) — *page 153*
Amialtepec (Our Lady of the Most Pure Conception of) — *page 159*
Andacollo (Our Lady of) — *page 153*
Angels (Our Lady of the __ of Costa Rica) — *page 153*
Aránzazu / Arántzazu (Our Lady of) — *page 154*
Buen Consejo (Our Lady of) — *page 154*
Bufa (Our Lady of the) — *page 154*
Caacupé (Our Lady of) — *page 154*
Candelaria (Our Lady of) — *page 155*
Caridad del Cobre (The Virgin of) — *page 155*
Carmel (Our Lady of Mount) — *page 155*
Carmen de Maipú (Our Lady of Mount Carmel of) — *page 156*
Concepción Aparecida — *page 156*
Conquista (Our Lady of the) — *page 156*
Copacabana (The Virgin of) — *page 157*
Coromoto (Our Lady of) — *page 157*
Chinquinquirá (Our Lady of the Rosary of) — *page 164*
Desatodora de Nudos (Our Lady, Untier of Knots) — *page 157*
Divina Providencia (Our Lady of) — *page 158*
El Viejo (Our Lady of the Immaculate Conception of) — *page 158*
Esperanza (Our Lady of the Root of) — *page 163*
Good Counsel (Our Lady of) — *page 154*
Grace (Our Lady of) — *page 162*
Gracias de Torcoroma (Our Lady of) — *page 167*
Guanajuato (Our Lady of) — *page 158*
Inmaculada Concepción (de Panamá) (Our Lady of the) — *page 159*
Itatí (Our Lady of) — *page 159*
Izamal (The Virgin of) — *page 159*
Juquila (Our Lady of the Most Pure Conception of) — *page 159*
Lajas (Our Lady of) — *page 160*
Luján (Our Lady of) — *page 160*
Madre Santísima de la Luz — *page 161*
Maipú (Our Lady of Mt. Carmel of) — *page 156*
María, la O ("Mary of the O") — *page 167*

Mercy (Our Lady of)	*page 161*
Mercy (Our Lady of, of Peru)	*page 161*
Milagro de Salta (Our Lady of the)	*page 161*
Milagros de Caacupé (Our Lady of the)	*page 154*
Milagrosa, La (Our Lady of Grace)	*page 162*
Nube (Our Lady of the Cloud of Quito)	*page 162*
Oaxaca (Our Lady of Sorrows of)	*page 166*
Ocotlán (Our Lady of)	*page 162*
Panamá (Our Lady of the Immaculate Conception of)	*page 159*
Patrocinio (Our Lady of the Bufa of)	*page 154*
Pátzcuaro (Our Lady of Good Health of)	*page 165*
Paz (Our Lady of __ of El Salvador)	*page 162*
Paz (Our Lady of __ of Santa Fe, New Mexico)	*page 156*
Purísima Concepción de Juquila (O.L. of)	*page 159*
Presentación (Our Lady of the, of Quinché)	*page 163*
Pueblito (Our Lady of)	*page 163*
Raíz de la Esperanza (Our Lady of the)	*page 163*
Rayo (The Most Holy Virgin of the)	*page 164*
Roble (Our Lady of the)	*page 164*
Rosario (Our Lady of the __ of Chinquinquirá)	*page 164*
Rosario (Our Lady of the __ of Guatemala)	*page 164*
Rosario (Our Lady of the __ of Talpa)	*page 165*
Salud (Our Lady of __ of Pátzcuaro)	*page 165*
San Juan de los Lagos (Our Lady of)	*page 165*
Soledad (Our Lady of)	*page 166*
Soledad (Our Lady of __ of Oaxaca)	*page 166*
Sorrowful Mother	*page 166*
Suyapa (Our Lady of)	*page 166*
Torcoroma (Our Lady of the Graces of)	*page 167*
Treinta y Tres (The Virgin of the)	*page 167*
Virgen Azul de Paraguay (The Blue Virgin of)	*page 154*
Zapopan (Our Lady of)	*page 167*

INDEX TO THE MOST POPULAR MARIAN DEVOTIONS
Arranged Nationally

ARGENTINA
    Desatadora de Nudos (María, la) — *page 157*
    Itatí (Our Lady of) — *page 159*
    Luján (Our Lady of) — *page 160*
    Milagro de Salta (Our Lady of the) — *page 161*

BRAZIL
    Concepción Aparecida — *page 156*

BOLIVIA
    Copacabana (The Virgin of) — *page 157*

CANARY ISLANDS
    Candelaria (Our Lady of) — *page 155*

COLOMBIA
    Chinquinquirá (Our Lady of) — *page 164*
    Lajas (Our Lady of) — *page 160*
    Rosario (Our Lady of the __ of Chinquinquirá) — *page 164*

COSTA RICA
    Angels (Our Lady of the) — *page 153*

CUBA
    Caridad del Cobre (The Virgin of) — *page 155*

CHILE
    Andacollo (Our Lady of) — *page 153*
    Maipú (Our Lady of Mt. Carmel of) — *page 156*

DOMINICAN REPUBLIC
    Altagracia (Our Lady of) — *page 153*

ECUADOR
    Nube de Quito (Our Lady of) — *page 162*
    Presentación (Our Lady of the) — *page 163*
    Quinché (Our Lady of) — *page 163*
    Rosario (Our Lady of the __ of Chinquinquirá) — *page 164*

EL SALVADOR
    de la Paz (Our Lady of) — *page 162*

GUATEMALA
    Rosario (Our Lady of the __ of Guatemala) — *page 164*

HONDURAS
    Suyapa (Our Lady of) — *page 166*

MEXICO
    Amialtepec (The Virgin of) — *page 159*
    Bufa (Our Lady of the) — *page 154*
    Guanajuato (Our Lady of) — *page 158*
    Izamál (The Virgin of) — *page 159*
    San Juan de los Lagos (Our Lady of) — *page 165*
    Juquila (Our Lady of) — *page 159*
    Madre Santísima de la Luz — *page 161*
    María, la "O" (Mary of the "O") — *page 167*
    Ocotlán (Our Lady of) — *page 162*
    Patrocinio (Our Lady of la Bufa) — *page 154*
    Pátzcuaro (Our Lady of Health of) — *page 165*
    Pueblito (Our Lady of) — *page 163*
    Purísima Concepción de Juquila (O.L. of) — *page 159*
    Raíz de la Esperanza (Our Lady of the) — *page 163*
    Rayo (The Most Holy Virgin of the) — *page 164*
    Roble (Our Lady of the) — *page 164*
    Rosario (Our Lady of the __ of Talpa) — *page 165*
    Salúd de Patzcuaro (Our Lady of Good Health of) — *page 165*
    Soledad de Oaxaca (Our Lady of) — *page 166*
    Talpa (Our Lady of) — *page 165*
    Zapopan (Our Lady of) — *page 167*

NICARAGUA
    El Viejo (Our Lady of) — *page 158*

PANAMA
    La Antigua (Our Lady of) — *page 159*
    Hallada (The Finding of the Virgin) — *page 159*
    Hool (Our Lady of) — *page 159*
    Merced (Our Lady of) — *page 161*
    Penomomé (The Virgin of) — *page 159*

Sopetrán (Our Lady of)   *page 159*
Tarivá (Our Lady of)   *page 159*

PARAGUAY
Caacupé (Our Lady of)   *page 154*
Luján (Our Lady of)   *page 160*
Virgen Azul (The Blue Virgin)   *page 154*

PERÚ
Merced (Our Lady of)   *page 161*

PUERTO RICO
Divina Providencia (Our Lady of)   *page 158*

UNITED STATES
Conquista (Our Lady of the)   *page 156*

URUGUAY
Luján (Our Lady of)   *page 160*
Treinta y Tres (The Virgin of the)   *page 167*

VENEZUELA
Chinquinquirá (Our Lady of the Rosary of)   *page 164*
Coromoto (Our Lady of)   *page 157*

Universally Venerated

Aránzazu (Our Lady of)   *page 154*
Carmel (Our Lady of Mt.)   *page 155*
Good Counsel (Our Lady of)   *page 154*
Mercy (Our Lady of)   *page 161*
Milagrosa (Our Lady of the Miraculous Medal)   *page 162*
Soledad (Our Lady of)   *page 166*

General Index

"Acontecimiento Guadalupano" (a hymn)	*page 81 ff*
Act of Contrition	*page 133*
Advent Wreath, blessing the	*page 41*
Alabanzas al Niño de Atocha	*page 56*
Alma de Cristo	*pages 90, 133*
Anima Christi, the __ prayer	*pages 90, 133*
Atocha, the Holy Child of __	*page 56*
Bendición del Hogar	*page 128 ff*
Blessing a child's five senses	*page 10*
Blessings of articles	
for the Presentation of a Three-Year-Old	*page 14*
for a Quinceaños ceremony	*pages 24, 35*
Blessing of Calendars for the new year	*page 54*
Blessing of Holy Water	*pages 22, 33*
Blessing of a House	*page 128 ff*
Brown Scapular, prayer for the imposition of the,	*page 156*
Calendaria, la Fiesta de la	*pages 57, 138*
Calendarios, la bendición de nuevos	*page 54*
Christmas Celebrations	*page 39*
Blessing the Advent Wreath	*page 41*
Blessing an image of the Christ Child	*page 45*
Las Posadas	*pages 40, 47*
Midnight Mass	*pages 39, 151*
Blessing of the new calendars	*page 54*
The "putting away" of the Christ Child	*page 57*
Christ Child, the	
Blessing the image of __ in Advent	*page 45*
The Holy Child of Atocha	*page 56*
The "putting away" of __	*page 57*
Christmas Novena	*pages 40, 47*
Ceremonia de los XVaños (dos versiones)	*pages 17, 29*
Cinco de Mayo	*page 143*
Confession, some suggestions	*page 38*

Coming of Age Ceremonies	*page 7*
Lending the Key	*page 9*
Presentation of a Three-Year-Old	*page 12*
XVaños ceremonies	*pages 17, 27, 29*
Common Prayers & Devotions	*page 115 ff*
Comparison of Calendars	*page 137*
Cross of Caravaca	*page 116*
Devotions to the Child Jesus	*pages 45, 56, 121*
Divino Preso, devociones al	*page 89*
"Ecclesia in America"	*pages v, 61*
Encantos	*page 116*
Fathers' Day	*page 143*
First Communion	*page 11*
Gozos al Niño Jesús	*page 126*
Grace, before and after meals	*page 133*
Guadalupe, Our Lady of	*pages 61, 150*
hymns	*pages 79, 80, 81*
image, reading the	*page 60*
mañanitas	*page 78 ff*
Nican Mopohua	*pages 64, 68*
Novena: first version	*page 65*
second version	*page 69*
Vocabulary	*page 64*
Word Origins	*pages 64, 86*
"Lending the key"	*page 9*
Lenten Devotions	*page 87*
Devotions to the Divino Preso	*page 89*
Devotions to Our Lady of Sorrows	*page 92*
The Good Friday Pésame	*pages 87, 88, 97*
Levantada, La __ del Niño Jesus	*page 57*
Litany of Loretto	*pages 50, 51, 52*
"*Mañanitas Guadalupanas*" (a hymn)	*page 80*
Mandas	*page 115*
Milagros	*page 7*
Mothers' Day	*page 142*
Mysteries of the Rosary	*pages 118, 119*
New Year's Eve and Day	*page 150*
Noche Vieja, la	*page 150*
Novena a la Virgen de Guadalupe	*pages 65, 69 ff*

Novena al Niño Jesús de Colombia	*page 121 ff*
Niño Divino, bendición de una imagen del __	*page 45*
Oración a Cristo Crucificado	*page 89*
Pasión, la __ según San Juan	*page 98*
Pasión, la __ de María	*page 107*
Penance (Sacramental Confession)	*page 38*
"Pésame" The __ to Our Lady of Sorrows	*page 97 ff*
Passion according to St. John	*page 98*
Passion of Our Lady	*page 108*
Pésame *(the words)*	*page 113*
Posadas, las	*pages 40, 47*
Prayer before the Crucifix	*page 89*
Presentation, the Feast of Our Lord's	*page 57, 137*
Presenting a Three-Year-Old Child	*page 12*
Prestar la Llave, Rito para	*page 9*
Presentación de un niño/una niña	*page 12*
XVaños Ceremony	
for an individual celebration	*page 17*
for a communal celebration	*page 29*
'How to' Diagram	*page 27*
Refranes	*pages 4, 183*
Renewal of Baptismal Vows	*pages 20, 32*
Reyes Magos, el día de los	*page 137*
Rosary, the traditional manner of praying the	*page 117*
Stabat Mater, Spanish version	*page 114*
Santo Entierro, el	*page 108*
Santo Niño de Atocha	*page 56*
Santos Peregrinos	*pages 40, 50*
Señor del Gran Refugio, devociones al	*page 89*
Soledad, devociones a la Virgen de la	*page 92*
Virgin of Desolation	*page 166*
Virgin of Sorrows, devotions to the	*page 92*
Villancicos	*page 44*
Virgen Desamparada, la	*pages 92, 166*

Refranes

Dios amanece para todos *(page 3)*
"God causes the day to dawn for everyone."

Said with an air of resignation, "Dios amanece para todos" explains the common discrepancies of daily life, why it is, for example, that the lazy can sometimes become successful or a nondescript man might marry the most beautiful "jovencita" in the village.

Fraile que pide pan, toma carne, si se le dan *(page 7)*
"The friar who asks for bread will take meat if it's given to him."

This proverb works on a variety of levels. From the point of view of the asker, it can be understood as something like "beggars can't be choosers." From the opposite point of view, it encourages the giver to a greater generosity. At an entirely different level, however, this proverb simply notes that often what we ask for is less than what we really want.

A cada guajolote, se le llega su Noche Buena *(page 39)*
"To every turkey comes his Christmas Eve."

One of any number of similar proverbs, "a cada guajolote se le llega su Noche Buena" expresses the common conviction the even those who seem to avoid getting caught or punished will eventually "get roasted." Versions of this proverb express the same sense of eventuality in a more positive outlook. For example: "A cada capillita se le llega su fiestecita" *(Even a tiny chapel gets its own little feast day)* promises that eventually good things will come to those who wait.

Flor marchita y la fe perdida, nunca vuelven a la vida *(page 87)*
"A withered flower and a lost faith never come back to life."

Faith which has been allowed to grow weak and die, will no more be revived than a withered flower can bloom again.

No más cuando truena, se acuerdan de Santa Bárbara *(page 115)*
"It's only when it thunders that people remember Saint Barbara."

People turn to Saint Barbara for protection against lightning only when they hear the approaching thunder. This proverb illustrates two points of human nature: first, that we put off doing what we need to do until circumstances force us to act; and secondly, that once the crisis is past, we quickly revert to our customary patterns of behavior.

Photo Credits

The front cover illustration **(Plate 1)** is one of a series of paintings in the Franciscan Convent, Cholula, Puebla, México, detailing the history of the events of December 1531. *Photo copyrights to the Catholic Bishop of the Diocese of Tulsa.*

The photo on the back cover shows a detail of the baroque façade of the Iglesia de la Compañia (Jesuit Church) in Puebla, México. *Photo copyrights to the Catholic Bishop of the Diocese of Tulsa.*

Pages 1, 60, 62 and **(Plate 4)** Juan Diego showing the Tilma; oil by José de Ibarra, 1743. Retrieved from the Our Lady of Guadalupe Web site: *www.sancta.org*

Page 3 and 95, Our Lady of Sorrows; late 19th century oil on tin, Mexico. Collection of the author. *Photo copyrights to the Catholic Bishop of the Diocese of Tulsa.*

Page 7, silver ex voto from Perú; early 20th century. Collection of the author. *Photo copyrights to the Catholic Bishop of the Diocese of Tulsa.*

Plate 2 and page 63, crowned Virgin of Guadalupe; mid 19th century, oil on tin, Mexico. Collection of the author. *Photo copyrights to the Catholic Bishop of the Diocese of Tulsa.*

Plate 3 and page 172, cover drawing of the Nican Mopohua, dated 1647, the oldest extant version of the Miracle of December 12, 1531, by Antonio Valeriano. Retrieved from the Our Lady of Guadalupe Web site: *www.sancta.org*
   Juan Diego revealing the tilma to Archbishop Zumárraga; 18th century oil on canvas, Franciscan Convent, Cholula, Puebla, Mexico. *Photo copyrights to the Catholic Bishop of the Diocese of Tulsa.*

Plate 4 (pages 1, 60, 61 and 62) "Non Fecit Taliter" God the Father paints the image of the Virgin of Guadalupe, anonymous mid-18th century oil.
   Juan Diego showing the Tilma, oil by José de Ibarra, 1743. Both images retrieved from the Our Lady of Guadalupe Web site: *www.sancta.org*

Plate 5 and page 91, Christ on the Cross, mid 19th century, gesso, Puebla, Mexico. *Photo copyrights to the Catholic Bishop of the Diocese of Tulsa.*
   Devotional image of the Anima Sola *(a soul suffering in Purgatory)*, oil on wood; 1996, by Alfredo Rodríguez, San Antonio, Texas. Collection of the author. *Photo copyrights to the Catholic Bishop of the Diocese of Tulsa.*

Plate 6 and page 87, El Divino Rostro (the Divine Face or Veronica's veil); mid 19th century, oil on tin, Mexico; venerated in the Parish Church and Diocesan Shrine of Saint Therese, Collinsville, Oklahoma. *Photo copyrights to the Catholic Bishop of the Diocese of Tulsa.*

Plate 7, "El Divino Rostro" (the Divine Face or Veronica's veil); mid 19th century, oil on tin, Mexico. From the collection of the author. *Photo copyrights to the Catholic Bishop of the Diocese of Tulsa.*

Plate 8, vested image of the Niño de Praga; contemporary; venerated in the Parish Church and Diocesan Shrine of Saint Therese, Collinsville, Oklahoma. *Photo copyrights to the Catholic Bishop of the Diocese of Tulsa.*
 Sacred Heart of Jesus; mid 19th century, oil on tin, Mexico. Collection of the author. *Photo copyrights to the Catholic Bishop of the Diocese of Tulsa.*

Page 16, Edith González on her First Communion Day, 1997, St. Therese Parish Church, Collinsville, Oklahoma.

Page 28, Mexico City street vendor. *Photo copyrights to the Catholic Bishop of the Diocese of Tulsa.*

Page 39, agate heart in silver case with cross; mid 20th century, Mexico. Collection of the author. *Photo copyrights to the Catholic Bishop of the Diocese of Tulsa.*

Page 56, devotional image of the Niño de Atocha. *Photo copyrights to the Catholic Bishop of the Diocese of Tulsa.*

Page 60, plotting the stars on Our Lady's cloak, picture author: A. Von Waberer. Collection: Lic. Francisco Vizcaya C. at:
http://pp.terra.com.mx/~msalazar/lupe-e.html

Page 61 **(Plate 4)**, "Non Fecit Taliter" God the Father paints the image of the Virgin of Guadalupe; anonymous mid-18th century oil, Mexico. Retrieved from the Our Lady of Guadalupe Web site: *www.sancta.org*

Page 73 **(Cover** and **Plate 1)**, Juan Diego and Our Lady of Guadalupe; 18th century oil on canvas, Franciscan Convent, Cholula, Puebla, Mexico. *Photo copyrights to the Catholic Bishop of the Diocese of Tulsa.*

Page 77 **(Plate 3)**, Juan Diego revealing the tilma to Archbishop Zumárraga; 18th century oil on canvas, Franciscan Convent, Cholula, Puebla, Mexico. *Photo copyrights to the Catholic Bishop of the Diocese of Tulsa.*

Page 83 **(Plate 6)**, the Divino Rostro; mid 19th century, oil on tin; venerated in the Parish Church and Diocesan Shrine of Saint Therese, Collinsville, Oklahoma. *Photo copyrights to the Catholic Bishop of the Diocese of Tulsa.*

Page 91 **(Plate 5)**, Christ on the Cross; mid 19th century, gesso, Puebla, Mexico. *Photo copyrights to the Catholic Bishop of the Diocese of Tulsa.*

Page 115, gold colored medal of Our Lady of Guadalupe; late 20th century, Mexico City. *Photo copyrights to the Catholic Bishop of the Diocese of Tulsa.*

Page 116, gold colored Cross of Carovaca; late 20th century, Medellin, Colombia. *Photo copyrights to the Catholic Bishop of the Diocese of Tulsa.*

Plate 9, Our Lady of Soledad of Oaxaca; contemporary oil on metal, anonymous, Mexico. *Photo copyrights to the Catholic Bishop of the Diocese of Tulsa.*

Plate 10 plus pages 155, 157 and 164; devotional images of Our Lady retrieved from *http://www.ciudadfutura.com/apariciones/ave/des.htm (la Desatodora de Nudos); http://www.corazones.org/maria/america/cuba_caridad_cobre.htm (N.S. de Caridad del Cobre)* and Our Lady of Copacabana from *http://www.catolicos.org.ar/ADVOCA-CIONES/page3.htm*

Plate 11 and page 160, Our Lady of Lajas (detail). Retrieved from *http://www.corazones.org/maria/lajas_senora.htm*

Plate 12, Our Lady of the Rosary of Quito; contemporary (antiqued) oil on canvas, Quito, Ecuador. Collection of the author. *Photo copyrights to the Catholic Bishop of Tulsa.*

Plate 13, La Purísima Concepción de la Virgen María; mid 19th century oil on tin, Mexico. Collection of the author. *Photo copyrights to the Catholic Bishop of Tulsa.*

Plate 14, Saint Joseph and the Divine Child; mid to late 19th century oil on tin, Mexico. Collection of the author. *Photo copyrights to the Catholic Bishop of Tulsa.*

Plate 15, devotional image of San Juan Nepomuceno (Saint John Nepomucene or Nepomuk, 1340-1393, feast day May 16), *patron saint of the confessional*; mid to late 19th century, oil on tin, Mexico. Collection of the author. *Photo copyrights to the Catholic Bishop of the Diocese of Tulsa.*

Plate 16, "San Ignasio de Lollola"; 1996, Alfredo Rodríguez, San Antonio, Texas, oil on planed wood, *painted in the typical New Mexican/Texan Santero style*. Collection of the author. *Photo copyrights to the Catholic Bishop of the Diocese of Tulsa.*

Page 121, devotional image of the Holy Child of Colombia. *Photo copyrights to the Catholic Bishop of the Diocese of Tulsa.*

Page 155 **(Plate 10)**, devotional image of Our Lady of Charity of the Cove. Retrieved from *http://www.corazones.org/maria/america/cuba_caridad_cobre.htm*

Page 156, devotional image of Our Lady of Carmen of Maipú. Retreived from *http://www.aciprensa.com/Banco/advocacion.htm*

Page 157 **(Plate 10)**, devotional images of Our Lady of Copacabana retrieved from *http://www.catolicos.org.ar/ADVOCACIONES/page3.htm* and of Our Lady 'Desatodora de Nudos' from *http://www.ciudadfutura.com/apariciones/ave/des.htm*

Page 160 **(Plate 11)**, devotional image (detail) of Our Lady of Lajas. Retrieved from *http://www.corazones.org/maria/lajas_senora.htm* Devotional image of Our Lady of Lujan retreived from *http://www.catolicos.org.ar/ADVOCACIONES/page3.htm*

Page 164, devotional image of Our Lady of the Rosary of Chinquinquira. Retrieved from *http://www.aciprensa.com/advcolom.htm*

Page 167, devotional image of The Virgin of the Thirty-Three. Retrieved from *http://www.corazones.org/maria/america/uruguay_33.htm*

Pages 168, 169, 170 and 171 (Maps of Mexico, Central America, South America and the Carribean). *Copyrights to the Catholic Bishop of the Diocese of Tulsa.*

Page 172 cover drawing of the Nican Mopohua, dated 1647, the oldest extant version of the Miracle of December 12, 1531, by Antonio Valeriano. Retrieved from the Our Lady of Guadalupe Web site: *www.sancta.org*

NOTES

NOTES

NOTES

NOTES

NOTES